税理士
野田扇三郎／山内利文
安藤孝夫／三木信博［著］

税法みなし規定の適用解釈と税務判断

清文社

は し が き

　今般、株式会社清文社の協力を得て表題の『税法みなし規定の適用解釈と税務判断』を上梓することとなりました。考えてみれば我々税理士は、普段から「みなし」という言葉に接する機会が非常に多くあります。

　『新法律学辞典』（有斐閣・新版初版）によれば、みなし規定とは「性質の異なるものをある一定の法律関係について同一のものとして、同一の法律関係を生じさせること、法律による擬制である」と解説されています。その代表的なものとして、死亡を確定させる失踪宣告（民31）や窃盗罪において電気は財物とみなす（刑245）などの規定は馴染みの深いものでもあります。携帯電話の充電のために、うっかり断りもなく飲食店でコンセントに差し込むと、場合によっては電気窃盗罪とみなされることにもなりかねません。

　そのように、我々の身近なところに「みなし規定」は多々存在しています。税法の分野でも、法人税法における「みなし配当」「みなし役員」「みなし事業年度」等…挙げたらきりがないほどの規定があります。我々が日頃関与している顧問先の税務申告業務においても、法人税額や消費税額について中間申告の規定で提出がない場合、一般的には前事業年度（課税年度）の実績に基づく2分の1の申告があったものとみなすとする「みなし中間申告」はその卑近な例です。また、本書解説中でも取り上げましたが、自己株式の譲渡による収入について、確定申告で譲渡所得による分離課税で申告したところ、所得税法第25条に規定するみなし配当との指摘を受け、配当所得として課税された事例もあります。すなわち、「みなされる」のか「みなされない」のかで違った課税がなされる結果、申告税額に違いが生じてくるのです。その判断要素は事例によって様々ですが、本書では、特に問題となる法人税（関連して所得税）及び消費税について、直接的、

間接的に「みなし規定」の適用・否認をめぐる事案を取り上げて解説を試みることとしました。

　また、法人税・消費税においては「事実」と「要件」の認定解釈によって判定されることの多い「みなし」の判断ですが、同じ税法でも、徴収の分野においてはまた様相が異なってきます。といいますのは、課税におけるみなし規定は、例えばファイナンスリース取引のように、一般の民間の取引関係を支配する私法（民法や商法）では賃貸借としているものを売買とみなすといったように、経済の実質に着目して擬制するものです。ところが、徴収の分野、特に滞納処分では、滞納者の財産を公売して滞納税金を徴収する、すなわちその所有権を買受人に移転させることから、その財産が滞納者に帰属するか否かは私法をベースに処分が行われます。ですから、私法が決めたルールを実質に合わせて擬制することはできません。

　要するに、課税では実質に合わせた事実認定が行われるのに対して、徴収の分野では私法をベースにした事実認定がされます。そうしたことから、課税では役員等が会社の金銭を取得した場合に「賞与」という認定をされて課税がされた場合でも、徴収では商法の規定に応じて「金銭の贈与」とされ、第二次納税義務が課されるケースが生じます。

　このように、一般には馴染みの少ない徴収の分野ですが、同一の事実に対して課税とは違う見方がされることを、特に会社の金銭が役員やオーナーらに流出したケースを基に解説を試みることとしました。

＊　　　　　　　　　＊

　そこで本書ではこの「みなし規定」について、過去に税務調査を担当した経験をもつ３名の税理士（野田、山内、安藤）が主に法人税法及び消費税法について、第Ⅰ部・第Ⅱ部で個々のケースについて取り上げ（個々の事案について「事実」と「要件」の判定・解釈がなされることから）、それぞれＱ＆Ａ形式によりその趣旨と論点、結論と留意事項について、具体的に判例等を交えながら詳解しました。また、徴収訴訟案件つき審理した経

験をもつ三木税理士が国税徴収法について、滞納処分をめぐる考え方を主体に、上記したごとく私法における取扱いと解釈つき、第Ⅲ部において（これは論述するスタイルで）詳解しました。

　従来あまり取り上げられることのなかった税法における「みなし規定」については、しかし、それぞれの案件においては申告税額を左右しかねない要素でもあると同時に、多く争いの見られるケースもあるので、同規定の適用・否認の判定、さらに滞納処分の際の考え方など、日頃税務会計に関わる企業関係者及び税理士等の皆様方にとって、新たな知見を提供することができれば、また実務上お役に立てれば幸いに思います。

　結びに今回も本書の刊行にあたり、多大なご協力をいただいた㈱清文社取締役編集局長・東海林良氏に厚く御礼を申し上げます。

　令和4年11月

執筆者を代表して
野田　扇三郎

税法みなし規定の適用解釈と税務判断

CONTENTS

参考資料▶

＊本書の内容は、令和4年11月1日現在の法令等によっています。

[凡 例]

本文中（　）内表示例：法人税法第 24 条第 1 項第五号→法法 24 ①五

・法人税法	法法
・同施行令	法令
・同施行規則	法規
・法人税基本通達	法基通
・所得税法	所法
・所得税基本通達	所基通
・消費税法	消法
・消費税法基本通達	消基通
・租税特別措置法	措法
・地方税法	地法
・国税通則法	通法
・国税徴収法	徴
・同施行令	徴令
・国税徴収法基本通達	徴基通
・民法	民
・刑法	刑
・民事執行法	民執
・民事訴訟法	民訴法
・会社法	会
・同施行規則	会施規
・滞納処分と強制執行等との 手続の調整に関する法律	滞徴

序 章

みなし（みなす）規定について
─第Ⅰ部及び第Ⅱ部を読む前に─

Step 1

　「みなし規定」をめぐる課税解釈について、実務上、特に微妙な事例を取り上げて論争点の紹介を試みました。このため、論争点が顕著に表れる判例・裁決事例があるものに特化し、その争点に係る条文に沿って一問一答（Q&A）形式に整理しています。

＊　　　　　　　　　　　＊

　税法全般の「みなし規定」を取り上げると範囲が広くなり過ぎることから、今般は、法人税法（一部租税特別措置法を含む）について、いわゆる課税要件の区分に沿って論争点を整理し、税務に携わる諸氏の参考に供することとしました。消費税法についても2件取り上げました。

　なお、「ものとし」あるいは「ものとする」の用語も一見みなし規定と同様の効果を生じさせるように思われますが、「はしがき」で触れたようにみなし規定は、「性質の異なるものをある一定の法律関係について同一のものとして、同一の法律関係を生じさせること、法律による擬制」であるところ、「ものとし」あるいは「ものとする」の用語は、このような擬制を生む表現ではありませんので、本書では取り上げていません。

　課税要件については、一般的に次のように区分されています（金子宏『租税法』（第24版）弘文堂・156頁以下）。以下、同書から内容を引用します。

1. 納税義務者

　「本来の納税義務の主体、すなわち租税法律関係において租税債務を負担する者を、納税義務者または租税債務者という。これは、担税者、すなわち経済上租税を負担する者とは異なる概念である。多くの場合、納税義務者と担税者とは合致するが、「消費税」・酒税等の間接消費税の場合は、徴税の便宜を考えて、最初から担税者とは異なる者（事業者・製造者等）が納税義務者とされている。」

2. 課税物件

　「課税物件（…）とは、課税の対象とされる物・行為または事実のことで、納税義務が成立するための物的基礎をなす。消費税法では課税の対象と呼んでおり（消税4条）、地方税法では、課税客体と呼んでいる（地税3条1項参照）。財政学では租税客体と呼ぶことが多い。ただし、租税法上の課税物件と財政学上の租税客体とは、常に一致するわけではない。たとえば、酒税の課税物件は製造場から移出された酒類であるが、財政学上の租税客体は酒類の消費行為である。」

3. 課税物件の帰属

　「納税義務は、課税物件がある者に帰属することによって成立し、課税物件の帰属した者が納税義務者となる。この課税物件と納税義務者との結びつきを、課税物件の帰属（…）という。いずれの租税についても、具体的な場合に課税物件が誰に帰属するかに関して問題が生ずることが少なくない。」

4. 課税標準

　「課税物件たる物・行為または事実から税額を算出するためには、その物・行為または事実を金額・価額・数量等で表わすことが必要である。これらの金額・価額・数量等を課税標準（…）という。課税物件を金額化・数量化し、それに後述の税率を適用することによって税額が算出されるのである。」

5. 税　率

　「税額を算出するために課税標準に対して適用される比率を、税率（…）という。課税標準が金額ないし価額をもって定められている場合には、税率は、普通、百分比・万分比等をもって定められる。また、課税標準が数量をもって定められている場合には、税率は、課税標準の一単位につき一定の金額で示される。」

法人税法におけるみなし規定は、巻末（参考資料）の整理表のとおり、条文数にして61か条、使用箇所にして112か項号に見られます（令和3年12月30日現在）。

　上記課税要件の分類で集計すると、以下のような分布になります。

　納税義務者　　　　12か条・23か項号

　課税物件　　　　　12か条・16か項号

　課税物件の帰属　　15か条・26か項号

　課税標準　　　　　17か条・35か項号

　税率　　　　　　　5か条・12か項号

　このようにみなし規定そのものは非常に多数に及びますが、もちろん、それぞれについて論争点があるわけではなく、一部の条文、あるいはその周辺で解釈・適用をめぐって問題が発生しています。

　Step 2 以下で、課税要件の区分に沿っていくつかみなし規定を概観してみます。なお、本書一問一答で取り上げた条文以外にも **Step 2** 以下で取り上げていますが、これは著者の主観で取り上げたもので、特に論争点があることを確認したものではありません。なお、取り上げたみなし規定については、参考として巻末に関連条文を収録しました。

Step 2　納税義務者

（1）第3条（人格のない社団等に対する法人税法の適用）

コメント

　人格のない社団等は法人とみなされることによって、収益事業を行えば法人税が課税されることになります（法法4①納税義務者）。収益事業を行わなければ当然納税義務は発生しませんが、設立後、収益事業を開始すれば、その時から法人税の納税義務が発生します。マンションの管理組合や同窓会などの収益事業に該当する事業としては、例えば第三者への駐車場

の賃貸、書籍などの物販事業が挙げられます。個人と法人との納税環境を整備し、ひいては課税対象となる利得の把握漏れを防止する役目も担ったものと考えられます。

　このみなし規定に関しては、しばし、人格のない社団等に該当するかどうかが論争点となっています（一問一答 **Q1**、**2**）。

（2）第4条の2（法人課税信託の受託者に関する法人税法の適用）

コメント

　法人課税信託については本書で取り上げていませんが、本書 **Q3** で取り上げた受益者等課税信託（法法12）と並ぶ信託で、みなし規定があることから多少触れることとしました。

　本条により、信託資産等及び固有資産等はそれぞれ別の者とみなされて、一定の条文を除き法人税の規定が適用されます。さらに、受益者も含めた法人税の適用について、次の法人税法第4条の3にも規定があり、第4条の4にも受託者が二以上ある法人課税信託について適用関係が規定されています。

　法人課税信託は、平成19年度改正前の特定信託（受託者段階課税）に相応する信託で、「一定の場合には、私法上の信託収益の帰属者たる受託者の段階で課税することが適当であると考えられ」ることから、従来の特定信託をも包含する形で創設されたものです（「平成19年度税制改正の解説」291頁）。

　この信託の態様は以下のとおりです（「平成19年度税制改正の解説」291頁）。

① 受託者段階で利益が留保されるため受託者段階での課税の必要がある特定受益証券発行信託以外の受益証券発行信託

② 信託収益の帰属者たる受益者等が存しないため受益者段階で課税できない受益者等が存しない信託

③ 法人が委託者となる信託で法人税の回避の恐れが高いものとして一定のもの

新しい信託税制の全体像（概要）

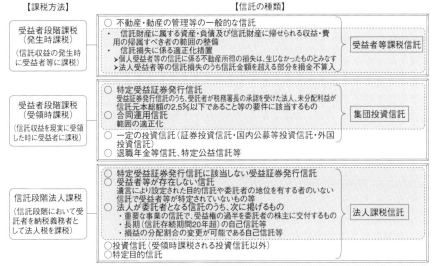

（「平成 19 年度　税制改正の解説」292 頁より）

（3）第4条の3（受託法人等に関する法人税法の適用）

コメント

　本条においては、第三号、第四号、第六号、第九号、第十号に「みなす」あるいは「みなして」の用語が使用されています。

　この第六号により、法人課税信託の受益権は株式または出資とみなされ、第十号により、法人課税信託の収益の分配は資本剰余金の減少に伴わない剰余金の配当と、法人課税信託の元本の払戻しは資本剰余金の減少に伴う剰余金の配当とみなされますので、収益の分配は剰余金の配当となり、受取配当益金不算入制度の適用対象となります（法基通12の6－2－3）。

　この場合、受益者に特に制限がないことから、法人が、自らの資産を信

託財産とし、受託者を当該法人とする信託で（自己信託。法人課税信託に該
当するものとします）、受益者を子会社とする信託契約を締結した場合でも、
子会社は当該信託から収益の配当について益金不算入の規定を適用できる
ことになると考えられます。

　ところで、「他益信託の場合には、委託者が資産を信託し（これが出資と
みなされます。）、その対価である受益権（これが株式とみなされます。）が受
益者に交付されることとなりますが、委託者においてその信託した資産の
譲渡損益について課税され、その信託した資産の額に相当する金額が受益
者に対する寄附金の額とされるとともに、受益者においては受益権の受増
益に対し課税されることとなります。」（「平成19年度　税制改正の解説」319
頁）と解説されています。

　これによれば、受益権を子会社とする信託設定では、委託者（親会社）
に対して適正な対価を支払っていれば受益者である子会社に課税関係が生
じることはありませんが、適正な対価が支払われていない場合は、無償に
よる資産の譲受けとして当該収益（受贈益）が益金の額に算入されること
になるでしょう。

（4）第12条（信託財産に属する資産及び負債並びに信託財産に帰せられる収益及び費用の帰属）

コメント

　信託財産は信託契約に基づいて名義上の所有権等は受託者に移転します
が、本条により受益者としての権利を現に有する者は、当該信託の信託財
産に属する資産及び負債を有するものとみなし、かつ、当該信託財産に帰
せられる収益及び費用は当該受益者の収益及び費用とみなされます。この
取扱いは法人税法第2条第二十九号の集団投資信託・本条第4項に規定す
る退職年金等信託、特定公益信託等または同法第2条第二十九号の二に規
定する法人課税信託には適用されません（法法12①）（一問一答 **Q3**）。

Step 3　課税物件

（1）第24条（配当等の額とみなす金額）

コメント

　合併などの組織再編成（適格組織再編成を除く）や、資本の払戻し、自己株式の取得、出資の償却などに伴いその金銭の額及び金銭以外の資産の価額の合計額が資本金等の額のうちその交付の基因となった当該法人の株式または出資に対応する部分の金額を超えるときは、その超える金額は法人税法第23条第1項第一号または第二号の配当等の額とみなされますので、収益の計上や受取配当等の益金不算入の計算が必要になります（一問一答 Q4、5、6、13）。

（2）第25条・資産の評価益の益金不算入・第5項

コメント

　法人税法第25条第1項において、「（…）資産の評価換えをしてその帳簿価額を増額した場合には、その増額した部分の金額は、その内国法人の各事業年度の所得の金額の計算上、益金の額に算入しない。」と規定されています。このため、法人税法においては原則としてこのような評価益は益金に算入されず、課税の対象となりません。

　この第1項を受けて、第5項では、益金の額に算入されなかった資産については、その後の事業年度における所得金額の計算上、その資産の帳簿価額は増額がされなかったものとみなされます。

　資産の評価損についても同様に、法人税法第33条第1項により、（原則として）損金の額に算入しないこととされています。そして、損金の額に算入されなかった資産について、同様に、その後の事業年度の所得の計算上、その資産の帳簿価額は減額がされなかったものとみなされます（法法

33 ⑥）。

（3）第37条（寄附金の損金不算入）

コメント

　公益法人が収益事業を行っている場合、その稼得した資金は本来の公益目的事業に使用するのが常態になっています。収益事業から公益事業への拠出金はいわば別個独立法人間の「みなし寄附金」として公益法人に対して税の軽減が図られています。一方、軽減にかかる経理は明確な区分を怠ると税務調査の際に否認される場合があります（一問一答 **Q16** 参照）。

Step 4　課税物件の帰属

（1）第57条（欠損金の繰越し）青色申告書を提出した事業年度の欠損金の繰越し

　本条第1項自体はみなし規定ではありませんが、他の規定により本条の欠損金とみなされる規定構造となっていますので、この項で関係を示しています。

コメント

　本条は繰越欠損金の取扱いを定めたもので、第2項において、適格組織再編税制で一定の条件に該当する場合や法人税法第64条の5に規定する損益通算制度の規定に該当する場合において一定の条件を具備したときは、当該各事業年度前の事業年度の所得の金額の計算上損金の額に算入されたものについて、当該組織再編成（通算承認を含む）後の事業年度以後の各事業年度における第57条第1項の規定の適用については、当該内国法人の同項に規定する当該合併等（通算承認を含む）事業年度の前事業年度において生じた欠損金額とみなすとされています（第2項の適用について、一問一答 **Q12**、**14**）。

(2) 第62条の8（非適格合併等により移転を受ける資産等に係る調整勘定の損金算入等）同法第10項について

コメント

　法人が非適格合併を行い、資産調整勘定等を設定した場合において、さらに当該法人を被合併法人として適格合併等を行った場合で、合併承継法人に同勘定が引き継がれた場合には同勘定が当該合併承継法人のものとみなされます（一問一答 **Q11**）。

(3) 第125条（青色申告の承認があったものとみなす場合）

コメント

　青色申告の承認申請書が第 122 条の規定に基づいて提出された場合、一定の日（通常は事業年度終了の日）までに承認または却下の処分がされないときは、その日（通常は事業年度終了の日）においてその承認があったものとみなされます。なお、青色申告の承認申請書は、事業年度開始の日の前日までに提出しなければならないとされています（法法 122）。

Step 5　課税標準

(1) 第2条第十五号（役員）・施行令第7条（役員の範囲）

コメント

　法人税法第 2 条第十五号で規定している「（…）これら以外の者で法人の経営に従事している者のうち政令で定めるものをいう」は一般的には「みなし役員」と称されており、同族会社で一定以上の株式を保有している者を要件として、役員とみなされた場合には、「役員報酬としての適否」等、しばしば税務調査の現場では問題となりますので取り上げました（一問一答 **Q15**）。

（2）第61条の5
（デリバティブ取引に係る利益相当額又は損失相当額の益金又は損金算入等）

コメント

デリバティブ取引を行った場合において、期末に決済されていない未決済デリバティブ取引があるときは、決済したものとみなして所得金額が計算されます（一問一答 **Q7**、**8**、**9**）。

（3）第61条の6（繰延ヘッジ処理による利益額又は損失額の繰延べ）第3項

コメント

適格合併等により被合併法人等からヘッジ対象資産等損失額を減少させるために行ったデリバティブ取引等に係る契約の移転を受けた場合等において、一定の条件を満たせば、ヘッジ対象資産等損失額を減少させるために当該デリバティブ取引等を行い、かつ、当該記載をしていたものとみなされます。繰延ヘッジ処理が認められるには、さらに、ヘッジ対象資産等損失額を減少させるために有効であると認められる必要があります。

Step 6　税　率

（1）第135条（仮装経理に基づく過大申告の場合の更正に伴う法人税額の還付の特例）第5項

コメント

本条第1項において、「仮装経理法人税額」、すなわち、既に法人税として納付された金額のうち、更正により減少する部分の金額で、その仮装して経理した金額に係るものは還付を制限する旨規定されています。仮装経理とは一般的な表現では、いわゆる、粉飾決算といって差し支えないでしょう。

この第1項の取扱いは仮装経理を行った事業年度の減額更正に係るものですが、更正には、前事業年度以前の更正（原更正）に伴って当事業年度

になされる更正（反射的更正）があります。言い換えれば、連動してなされる更正です。

　第5項の規定は、この反射的更正を行った事業年度、つまり、原更正の対象となった事業年度の後の事業年度に仮装経理がなくても、原更正の対象となった事業年度に仮装経理があるときは、反射的更正により減少する法人税についても、仮装して経理したところに基づく金額とみなすというものです。この結果、反射的更正により減少する法人税についても第1項以下の規定により還付が制限されます。

第 I 部

法人税法と
みなし規定

第 1 章

納税義務者

ケース1▶法人をめぐる解釈

Q1 マンションの管理組合の理事長をしています。当マンションでは、先日、大手携帯会社からマンションの屋上に携帯用の中継アンテナを設置したいとの要望がありました。屋上は共用部分なので総会に諮り、その結果、設置を許可することになりました。設置に当たっては、使用料を月5万円もらうことになりましたが、当組合と大手携帯会社との間で使用許諾契約を締結する予定です。この収入に対して申告する必要がありますか。

なお、当管理組合は登記をしていません。

A 貴組合は登記をしていないとのことですので、一般的な意味では法人でなく、即法人税の納税義務者にはなりませんが、以下解説する内容から、"人格なき社団に係るみなし法人"と認定されて、法人税が課税されることになると考えられます。

解 説

第 1 節　みなし法人

（1）法人税法における人格のない社団等に対するこの法律の適用

　本問は、みなし規定である法人税法第3条（人格のない社団等に対するこの法律の適用）をめぐる問題として取り上げましたが、このみなし規定が適用されるのは法人税法第2条第八号に定義されている「人格のない社団等」に該当する場合ですから、法人税法第3条のみなし規定をめぐる争いは人格のない社団等該当性が争点となります（以下、「人格のない社団等」は「人格なき社団等」とも表記します）。

　人格のない社団等に関する法人税法上の定義要件は「代表者又は管理人の定めがある」ことですが（法法2八）、後述するように、判例はこの法人税法上の定義要件だけでは判断しておらず、人格のない社団等に該当するというためには、4要件（イ．団体としても組織を備え、ロ．多数決の原則が行われ、ハ．構成員の変更にもかかわらず団体そのものが存続し、ニ．その組織によって代表の方法、総会の運営、財産の管理その他の団体としての主要な点が確定している）を充たす必要があると判示しています。これは、判例が「法人格を有しない社団すなわち権利能力のない社団」と述べているように両者は同義であるとしていることから、人格のない社団等の該当性を判断するに当たって、「権利能力のない社団」の成立要件について判示した昭和39年10月15日最高裁判決を引用しているためです。法人税法上の定義要件「代表者又は管理人の定め」は、上記4要件のうち、ニ．の「代表の方法…が確定している」場合に相当すると思われます。

（2）「人格のない社団等」に対する法人税法の適用と法人税の納付義務

　「人格のない社団等」は、法人税法第2条第八号において「法人でない

社団又は財団で代表者又は管理人の定めがあるものをいう」と定義され、その法人税法上の扱いについては法人税法第 3 条において「人格のない社団等は、法人とみなして、この法律（第 75 条の 4（電子情報処理組織による申告）及び別表第二を除く。）の規定を適用する。」と規定し、法人とみなして法人税法を適用するとしています。

そして、その納税義務について法人税法第 4 条第 1 項において「内国法人は、この法律により、法人税法を納める義務がある。ただし、公益法人等又は人格のない社団等については、収益事業を行う場合、法人課税信託の引受けを行う場合又は第 84 条第 1 項（退職年金等積立金の額の計算）に規定する退職年金業務等を行う場合に限る。」と規定し、収益事業を行う場合は法人として法人税を納付する義務があるとしています。

貴マンション管理組合は未登記とのことですが、多くの管理組合と同様、理事長を定めていると想定しますと、代表者または管理人を定めているものに該当しますし、判例が掲げる 4 要件も充たすと想定されますから人格なき社団等に当たり、登記がなくても法人とみなされて法人税の納付義務があります。ただし、収益事業を行う場合に限ります（法人課税信託の引受けを行う場合または第 84 条第 1 項（退職年金等積立金の額の計算）に規定する退職年金業務等を行う場合については、例が少ないと思われますので以下記載を省略します）。

（3）屋上のアンテナ設置に伴う使用料について収益事業該当性

（注）　収益事業該当性は本判決においては主要な争点であるものの、みなし法人該当性ないし人格のない社団等該当性には関係しませんので、申告要否を含めた本件質問の参考として以下説明します。

法人税法第 4 条の人格なき社団等に関する規定では、物品販売業やサービス業といった収益事業を行う場合に限定されてはいますが、人格のない社団等にも納税義務があります。収益事業については、法人税法第 2 条第

十三号において「販売業、製造業その他の政令で定める事業で、継続して事業場を設けて行われるものをいう。」とされ、法人税法施行令第5条（収益事業の範囲）において34業種が掲げられています。

屋上へのアンテナ設置許諾は、屋上という建物の一部を貸すことですので、法人税法施行令第5条第1項第五号の不動産賃貸業に当たることになり、継続的に賃貸して使用料を受領する場合は収益事業となります。この結果、マンション管理組合が屋上アンテナ設置に伴って賃貸料を得る場合は法人税法第4条により法人税を納付する義務が生じます。

このように人格のない社団等であっても法人税法第3条のみなし規定により法人とみなされると、登記をしていなくても、法人税法上は収益事業を行っていれば納税義務が生じます。

また、みなし規定と関係しませんが、管理組合が、役員、税理士などに報酬を支払う場合は、所得税の源泉徴収義務が生じますし（所法183、所法204）、収益の金額によっては消費税の納税義務が生じることがありますから注意が必要です。役員に報酬を支払う場合は収益事業を行っていなくても源泉徴収義務者となります。

（4）参考判例

人格なき社団の法人税法第3条みなし規定に関連して、人格のない社団等該当性について判決がありますので、その内容を見てみます。

平成3年3月13日東京地裁判決及びその控訴審・平成30年10月31日東京高裁判決（原審支持、上告棄却不受理・確定）の要旨です。

①　事案の概要

事案のマンション管理組合は、建物の区分所有等に関する法律第3条の規定に基づき、マンションの区分所有者全員によって構成される団体ですが、同法第47条第1項による登記はしていない団体であり、法人格は有していない人格なき社団です。本管理組合が、マンション敷地及び共有部

分を活用して同敷地内及び建物の屋上等に電柱携帯電話用電気通信施設等の設置を許諾して賃料収入を得ることになったため確定申告をしましたが、その後提出した更正請求が認められなかったため、当該賃料収入が人格なき社団としての法人の収益か、管理組合を構成する各組合員（区分所有者）の収益かについて、争訟となったものです。

②　争　点

争点は次のとおり2点です。

イ　（マンション管理組合が）法人税法第2条第八号に規定する人格のない社団等に当たるか。

ロ　（本件各）賃貸が原告（マンション管理組合）の行う収益事業に当たり、原告について収益事業から生じた所得が存在するといえるか。

争点イの人格のない社団等に当たるかどうかにつき、地裁は、法人でない社団は、民事実体法における権利能力のない社団と同義と解されるとした上で、権利能力のない社団の成立要件について判示した昭和39年10月15日最高裁判決を引用し、人格のない社団等に該当するというためには、次の4要件を充たす必要があると判示しました。

イ．団体としても組織を備え

ロ．多数決の原則が行われ

ハ．構成員の変更にもかかわらず団体そのものが存続し

ニ．その組織によって代表の方法、総会の運営、財産の管理その他の団体としての主要な点が確定している。

この点、地裁判決は、管理規約や組合運営の実態を縷々検討評価した上で、本管理組合はこの4要件を備えており、「原告は、権利能力のない社団であり、法人税法上の人格のない社団等に当たるものというべきである。」と判示しました。

第2節　みなし法人課税

　なお、原告は自らが民法上の組合であって権利能力のない社団ではない旨主張していますが、この点については原告の主張を否定し次のように判示しました。

・民法上の組合は各当事者が出資をして共同の事業を営むことを約する組合契約によって存立するものであるところ（民667）、管理組合の設立に当たり、設立当時の本件区分所有者が出資をして共同の事業を営むことを互いに合意した事実は認められず、管理組合の存立の根拠が組合契約にあるということはできない。

・区分所有法上の管理者は、その職務に関し区分所有者を代理するものとされているところ（区分所有法26②）、区分所有者が全員で建物等の管理を行うための団体を構成し、管理者がその団体で行う管理業務の執行者であることを前提とすれば、ここでいう代理は、個々の区分所有者との関係に着目した個別的代理ではなく団体（区分所有者全体）のための代理を意味すると解されるものであるから区分所有法上の管理者が区分所有者を代理する権限を有することが、区分所有者の団体を権利能力のない社団と捉えることの妨げとなるものということはできない。

　また、区分所有者が区分所有法第29条第1項に基づく無限責任を負うとされていることが、区分所有者の団体が権利能力のない社団であることと矛盾するものではない。

　民法第667条第1項に規定する組合契約等により成立する、いわゆる任意組合等の組合事業から生ずる利益等については、各組合員に直接帰属するとされていますから（法基通14−1−1）、本件原告管理組合の主張はこの点を述べたものでしょう。マンション管理組合が民法上の組合であれば、この通達取扱いにより管理組合の損益は区分所有者に直接帰属することとなり、管理組合には課税されません。また、この任意組合等には外国

におけるこれらに類するものも含まれますので（法基通14－1－1注書）、外国における任意組合等類似の組織体についても、同様に組織体には課税されません。

　法人格のないマンション管理組合は人格なき社団等として法人とみなされることによって、法人税法が適用されますが、このみなし規定について、はしがきでも簡記したとおり「A（ある事柄や物等）と性質の異なるB（他の事柄や物等）を一定の法律関係について同一のものとしてAについて生ずる法律効果と同一の法律効果をBについて生じさせること」と記されており、また「『推定』と異なるところは同一のものでないということについての反証を許さない」（有斐閣『法律用語辞典（第5版）』）と説明されています。

　つまり、本件マンション管理組合が人格なき社団として法人とみなされる結果、本管理組合には法人格がある法人と同一の法律効果が生じ、法人税法が適用されることになります。この意味では、法人税法第3条は「人格のない社団等は、法人とみなす」と規定すれば法人税法第4条以下が適用されるので、続けて「この法律を適用する」との文言は不要と思われますが、この部分は、人格のない社団等に対しては一部の条文等は適用しないとする必要があって（法法3かっこ書）、法人税法の適用範囲を限定するために続けたのでしょう。

　なお、人格のない社団等に関する法人税法第3条みなし規定は、日本国内の人格のない社団等だけでなく、国外の人格のない社団等についても適用されます。この場合、国内に本店または主たる事務所を有する法人が内国法人ですから（法法2三）、人格のない社団等の主たる事務所が国内にあれば内国法人となり、人格のない社団等の主たる事務所が国外にあれば外国法人となります（法法2四）。国内外いずれであっても、法人とみなされるかどうか、つまり、「人格のない社団等」に該当するかどうかは、上記4要件によって判断されることになります。

参考判例

▶最高裁昭和39年10月15日判決

「権利能力のない社団の成立要件」

（注）　判決は「法人格を有しない社団すなわち権利能力のない社団」と表記
して、両者は同義であるとした上で、「権利能力のない社団」について
成立要件を判示しています。

（参考）　旧民訴法第46条　法人ニ非サル社団又ハ財団ニシテ代表者又
ハ管理人ノ定アルモノハ其ノ名ニ於テ訴ヘ又ハ訴ヘラルルコト
ヲ得

現民事訴訟法第29条（法人でない社団等の当事者能力）　法人で
ない社団又は財団で代表者又は管理人の定めがあるものは、そ
の名において訴え、又は訴えられることができる。

「要旨１：法人格を有しない社団すなわち権利能力のない社団については、民
訴46条がこれについて規定するほか実定法上何ら明文がないけれども、権利
能力のない社団といいうるためには、団体としての組織をそなえ、そこには多
数決の原則が行なわれ、構成員の変更にもかかわらず団体そのものが存続し、
しかしてその組織によって代表の方法、総会の運営、財産の管理その他団体と
しての主要な点が確定しているものでなければならないのである。

要旨２：しかして、このような権利能力のない社団の資産は構成員に総有的に
帰属する。そして権利能力のない社団は『権利能力のない』社団でありながら、
その代表者によってその社団の名において構成員全体のため権利を取得し、義
務を負担するのであるが、社団の名において行なわれるのは、一々すべての構
成員の氏名を列挙することの煩を避けるために外ならない（以下、略）」

参考法令等

法法２八、法法３、法法４①、法基通14－1－1

ケース２▶アメリカの LPS は法人?

Q2 このたびアメリカのリミテッドパートナーシップ（以下「LPS」と略す）を通じて不動産に投資をしようと考えていますが、注意すべき点にはどのようなものがありますか。

A アメリカの LPS については、日本に同じカテゴリーに該当するものがありませんが、一般的には民法上の組合と類似なものと考えられています。しかし、税法上は必ずしも同じ取扱いとはならない旨の判決もありますので、以下に解説する諸点に注意してください。

解説

第 1 節　民法上の組合と類似

（1）任意組合等

　法人税基本通達 14 － 1 － 1（任意組合等の組合事業から生ずる利益等の帰属）において、

　「任意組合等において営まれる事業（以下 14 － 1 － 2 までにおいて「組合事業」という。）から生ずる利益金額又は損失金額については、各組合員に直接帰属することに留意する。

（注）　任意組合等とは、民法第 667 条第 1 項に規定する組合契約、投資事業有限責任組合契約に関する法律第 3 条第 1 項に規定する投資事業有限責任組合契約及び有限責任事業組合契約に関する法律第 3 条第 1 項に規定する有限責任事業組合契約により成立する組合並びに外国におけるこれ

らに類するものをいう。」

と規定されています。したがって、LPS が「外国におけるこれらに類するもの」に該当すれば、いわゆる、パススルー課税（組合等の事業から生ずる損益が各組合員に直接帰属すること）となり、LPS が課税主体となることはありません。

ただ、LPS がこの通達に記載された「外国におけるこれらに類するもの」に該当するかどうかについては実は明確な取扱いは明らかにされていません。

（2）法人税法第2条には

上記のように、通達には「外国におけるこれら（注：任意組合等）に類するもの」のような表現がありますが、では、法人税法上でその扱いはどうなっているのか見てみましょう。

まず第2条「定義」において、

「一　国内　この法律の施行地をいう。

　二　国外　この法律の施行地外の地域をいう。

　三　内国法人　国内に本店又は主たる事務所を有する法人をいう。

　四　外国法人　内国法人以外の法人をいう。

　　　⋮

　八　人格のない社団等　法人でない社団又は財団で代表者又は管理人の定めがあるものをいう。」

とあり、LPS についてみると、まず大雑把に捉えれば外国法人の範疇に収まるようにも思われます。

では、LPS が法人として認識されるか否か、同法第3条には **Q1** で触れたように、以下の規定があります。

「人格のない社団等は、法人とみなして、この法律（かっこ内略）の規定を適用する。」

　一般的に、アメリカの LPS という組織体については民法上の組合と類似したものと捉えられているようですが、そうであるとすると、上記第2条第八号の「人格のない社団等」として法人とみなされるかが一つの視点といえるでしょう。

　しかしながら、上記規定に照らし合わせてみても、明確に法人税法上、アメリカの LPS が同法第2条第四号または第八号に該当するのか、明確であるとはいえません。

第 2 節　組合事業という解釈

　仮に組合事業と認定されたとして、例えば損失が出た際にそれが損金に算入されるかどうかということが問題となります。

　この点、平成 17 年度の税制改正により、組合事業等による損失がある場合の課税の特例（措法 67 の 12）が創設されました。この特例は、パススルー課税を前提として、組合事業から生じる損失を利用して節税を図る動き・租税回避行為を防止するために創設されたものです。

　同条の要点は、特定組合員（組合契約に係る組合員のうち組合事業への実質的な関与度合いが低い組合員、外国におけるこれらに類する契約を締結している者を含む）については、組合事業から生ずる損失について、一定額の損失は損金算入を認めないとするものです。「組合事業に係る重要な財産の処分若しくは譲受け又は組合事業に係る多額の借財に関する業務の執行の決定に関与し、かつ、当該業務のうち契約を締結するための交渉その他の重要な部分を自ら執行する組合員」以外に該当する場合で、かつ、「その組合契約に係る組合事業（…）につきその債務を弁済する責任の限度が実質的に組合財産」とされている場合に該当する組合員が対象で、投資額以上の損金算入は認めない趣旨から「当該法人の当該事業年度の組合損失額」のうち「組合等損失超過額」は当該事業年度の所得の金額の計算上、

損金の額に算入しないと規定されました。

　ただ、この特例は、パススルー課税を前提として、このように組合事業等から生ずる損失について規制したもので、残念ながら、この規定内容からはLPSの課税主体に関する判断は窺い知ることができません。

　また、法人税法第8条は、

　「外国法人に対しては、第141条各号（課税標準）に掲げる外国法人の区分に応じ当該各号に定める国内源泉所得に係る所得について、各事業年度の所得に対する法人税を課する。

　2　外国法人（人格のない社団等に限る。）の前項に規定する国内源泉所得に係る所得のうち収益事業から生じた所得以外の所得については、同項の規定にかかわらず、各事業年度の所得に対する法人税を課さない。」

と規定しています。ここでLPSが課税主体であるかに関連して重要なことは「人格のない社団等」に該当すれば外国法人であると認識され、収益事業から生じた国内源泉所得に限って法人税の対象になるということです。

　以上説明したように、LPSが法人税の課税主体（法人）となるかどうかについて、わが国法人税法上、明確な規定がないことが問題です。したがって、留意点としては、後掲する判決の事実関係と判断を参考に、貴社が投資しようとしているLPSはアメリカのどの州に設立されたものであるか、その組織体はアメリカで課税されているかといった実態や事実関係を踏まえた諸点についてよく吟味することがポイントとなってきます。

　やや焦点から逸れますが、任意組合に関係するわが国の税法の取扱い、条文を、少し長くなりますが、参考までに掲げておきます。

《法人税基本通達》
（任意組合等の組合事業から生ずる利益等の帰属）
14－1－1　任意組合等において営まれる事業（以下14－1－2までにおい

て「組合事業」という。）から生ずる利益金額又は損失金額については、各組合員に直接帰属することに留意する。（平17年課法2－14「十五」により追加）

（注）　任意組合等とは、民法第667条第1項に規定する組合契約、投資事業有限責任組合契約に関する法律第3条第1項に規定する投資事業有限責任組合契約及び有限責任事業組合契約に関する法律第3条第1項に規定する有限責任事業組合契約により成立する組合並びに外国におけるこれらに類するものをいう。以下14－1－2までにおいて同じ。

（任意組合等の組合事業から受ける利益等の帰属の時期）

14－1－1の2　法人が組合員となっている組合事業に係る利益金額又は損失金額のうち分配割合に応じて利益の分配を受けるべき金額又は損失の負担をすべき金額（以下14－1－2までにおいて「帰属損益額」という。）は、たとえ現実に利益の分配を受け又は損失の負担をしていない場合であっても、当該法人の各事業年度の期間に対応する組合事業に係る個々の損益を計算して当該法人の当該事業年度の益金の額又は損金の額に算入する。

　　　ただし、当該組合事業に係る損益を毎年1回以上一定の時期において計算し、かつ、当該法人への個々の損益の帰属が当該損益発生後1年以内である場合には、帰属損益額は、当該組合事業の計算期間を基として計算し、当該計算期間の終了の日の属する当該法人の事業年度の益金の額又は損金の額に算入するものとする。（平17年課法2－14「十五」により改正）

（注）

1　分配割合とは、組合契約により定める損益分配の割合又は民法第674条《組合員の損益分配の割合》、投資事業有限責任組合契約に関する法律第16条《民法の準用》及び有限責任事業組合契約に関する法律第33条《組合員の損益分配の割合》の規定による損益分配の割合をいう。以下14－1－2までにおいて同じ。

2　同業者の組織する団体で営業活動を行わないものは、この取扱いの適用はない。

（任意組合等の組合事業から分配を受ける利益等の額の計算）

14－1－2　法人が、帰属損益額を14－1－1及び14－1－1の2により
各事業年度の益金の額又は損金の額に算入する場合には、次の⑴の方法に
より計算する。ただし、法人が次の⑵又は⑶の方法により継続して各事業
年度の益金の額又は損金の額に算入する金額を計算しているときは、多額
の減価償却費の前倒し計上などの課税上弊害がない限り、これを認める。
（昭55年直法2－15「三十三」、平6年課法2－5「八」、平17年課法2－
14「十五」により改正）

⑴　当該組合事業の収入金額、支出金額、資産、負債等をその分配割合に
　応じて各組合員のこれらの金額として計算する方法

⑵　当該組合事業の収入金額、その収入金額に係る原価の額及び費用の額
　並びに損失の額をその分配割合に応じて各組合員のこれらの金額として
　計算する方法

　　この方法による場合には、各組合員は、当該組合事業の取引等について
　受取配当等の益金不算入、所得税額の控除等の規定の適用はあるが、引当
　金の繰入れ、準備金の積立て等の規定の適用はない。

⑶　当該組合事業について計算される利益の額又は損失の額をその分配割
　合に応じて各組合員に分配又は負担させることとする方法

　　この方法による場合には、各組合員は、当該組合事業の取引等について、
　受取配当等の益金不算入、所得税額の控除、引当金の繰入れ、準備金の積
　立て等の規定の適用はない。

（注）

1　分配割合が各組合員の出資の価額を基礎とした割合と異なる場合は、
　当該分配割合は各組合員の出資の状況、組合事業への寄与の状況などか
　らみて経済的合理性を有するものでなければならないことに留意する。

2　⑴又は⑵の方法による場合における各組合員間で取り決めた分配割合
　が各組合員の出資の価額を基礎とした割合と異なるときの計算は、例え
　ば、各組合員の出資の価額を基礎とした割合を用いて得た利益の額又は
　損失の額（以下14－1－2において「出資割損益額」という。）に、各

組合員間で取り決めた分配割合に応じた利益の額又は損失の額と当該出資割損益額との差額に相当する金額を加算又は減算して調整する方法によるほか、合理的な計算方法によるものとする。

3　⑴又は⑵の方法による場合には、減価償却資産の償却方法及び棚卸資産の評価方法は、組合事業を組合員の事業所とは別個の事業所として選定することができる。

4　⑴又は⑵の方法による場合には、組合員に係るものとして計算される収入金額、支出金額、資産、負債等の額は、課税上弊害がない限り、組合員における固有のこれらの金額に含めないで別個に計算することができる。

5　⑶の方法による場合において、当該組合事業の支出金額のうちに寄附金又は交際費の額があるときは、当該組合事業を資本又は出資を有しない法人とみなして法第37条《寄附金の損金不算入》又は措置法第61条の4《交際費等の損金不算入》の規定を適用するものとしたときに計算される利益の額又は損失の額を基として各事業年度の益金の額又は損金の額に算入する金額の計算を行うものとする。

《租税特別措置法》

（組合事業等による損失がある場合の課税の特例）

第67条の12　法人が特定組合員（組合契約に係る組合員（これに類する者で政令で定めるものを含むものとし、匿名組合契約等にあつては、匿名組合契約等に基づいて出資をする者及びその者の当該匿名組合契約等に係る地位の承継をする者とする。以下この項及び第4項において同じ。）のうち、組合事業に係る重要な財産の処分若しくは譲受け又は組合事業に係る多額の借財に関する業務の執行の決定に関与し、かつ、当該業務のうち契約を締結するための交渉その他の重要な部分を自ら執行する組合員その他の政令で定める組合員以外のものをいう。第4項において同じ。）又は特定受益者（信託（法人税法第2条第二十九号に規定する集団投資信託及び法人課税信託を除く。以下この条において同じ。）の同法第12条第1項に規定

する受益者（同条第2項の規定により同条第1項に規定する受益者とみなされる者を含む。）をいう。第4項において同じ。）に該当する場合で、かつ、その組合契約に係る組合事業又は当該信託につきその債務を弁済する責任の限度が実質的に組合財産（匿名組合契約等にあつては、組合事業に係る財産）又は信託財産の価額とされている場合その他の政令で定める場合には、当該法人の当該事業年度の組合等損失額（当該法人の当該組合事業又は当該信託による損失の額として政令で定める金額をいう。以下この項において同じ。）のうち当該法人の当該組合事業に係る出資の価額又は当該信託の信託財産の帳簿価額を基礎として政令で定めるところにより計算した金額を超える部分の金額（当該組合事業又は当該信託財産に帰せられる損益が実質的に欠損とならないと見込まれるものとして政令で定める場合に該当する場合には、当該組合等損失額）に相当する金額（第3項第四号において「組合等損失超過額」という。）は、当該事業年度の所得の金額の計算上、損金の額に算入しない。

2　確定申告書等を提出する法人が、各事業年度において組合等損失超過合計額を有する場合には、当該組合等損失超過合計額のうち当該事業年度の当該法人の組合事業又は信託（当該組合等損失超過合計額に係るものに限る。）による利益の額として政令で定める金額に達するまでの金額は、当該事業年度の所得の金額の計算上、損金の額に算入する。

3　この条において、次の各号に掲げる用語の意義は、当該各号に定めるところによる。

一　組合契約　民法第667条第1項に規定する組合契約及び投資事業有限責任組合契約に関する法律第3条第1項に規定する投資事業有限責任組合契約並びに外国におけるこれらに類する契約（政令で定めるものを含む。）並びに匿名組合契約等をいう。

二　匿名組合契約等　匿名組合契約（これに準ずる契約として政令で定めるものを含む。）及び外国におけるこれに類する契約をいう。

三　組合事業　組合契約に基づいて営まれる事業（匿名組合契約等にあつては、匿名組合契約等に基づいて出資を受ける者の事業であつて当該匿

名組合契約等の目的であるもの）をいう。

四　組合等損失超過合計額　前項の法人の当該事業年度の前事業年度以前の各事業年度における組合等損失超過額のうち、当該組合等損失超過額につき第1項の規定の適用を受けた事業年度（以下この号において「適用年度」という。）から前事業年度まで連続して法人税法第2条第三十一号に規定する確定申告書（以下この号において「確定申告書」という。）の提出をしている場合（適用年度が前事業年度である場合には、当該適用年度の確定申告書の提出をしている場合）における当該組合等損失超過額を、各組合事業又は各信託ごとに合計した金額（前項の規定により前事業年度までの各事業年度の所得の金額の計算上損金の額に算入された金額がある場合には、当該損金の額に算入された金額を控除した金額）をいう。

4　前項に定めるもののほか、法人が自己を合併法人とする適格合併により特定組合員又は特定受益者に該当する被合併法人の組合契約に係る組合員又は信託の受益者たる地位の承継をした場合における第1項の規定の適用に関する事項その他同項又は第2項の規定の適用に関し必要な事項は、政令で定める。

［小 括］

　以上縷々説明した点を要約すると、法人税法は第2条第八号で「人格のない社団等」を「法人でない社団又は財団で代表者又は管理人の定めがあるものをいう」と規定し、同法第3条に「人格のない社団等は、法人とみなして、この法律（第75条の3（電子情報処理組織による申告）及び別表第二を除く）の規定を適用する。」と規定していますので、LPSが「人格のない社団等」に該当すれば、外国法人とみなされて法人税の課税主体となり、任意組合等に該当すれば、組合員に課税されます。ただ、いずれに該当するかは法人税法及び通達でも明らかにされていません。

　したがって、現状、留意点としては、判決の事例を参考にしていただく以外にありませんので、以下にLPS関連の判決を紹介します。

第3節 判決による解釈

　参考判決として、アメリカのワシントン州リミテッド・パートナーズとの取引をめぐり、その申告所得計算について争われた平成28年4月27日東京地裁判決、平成29年1月24日東京高裁判決（確定）がありますので、見てみましょう。

　なお、本判決では、原告（納税者）は、本件LPSは人格のない社団等には該当せず、したがって、任意組合としていわゆるパススルー課税が適用されるべきと主張しましたが、裁判所は現地法令等により租税法上の法人に該当すると判断したため、人格のない社団等該当性については判断していません。

　まず、事案の概要を紹介します（地裁判決「第2　事案の概要」から）。

　「アメリカ合衆国（以下「米国」という。）のワシントン州の法律に基づいて設立された組織体である『リミテッド・パートナーズ』（『limited partnership』）。以下『LPS』という。」の持分権を取得した原告が、そのLPSが営む不動産賃貸の事業において賃貸する物件を減価償却資産とし、その償却費を原告の本件各事業年度の所得金額の計算上損金の額に算入して、本件各事業年度の法人税の確定申告をしたところ、処分行政庁から、当該償却費は原告の所得金額の計算上損金の額に算入することができないなどとして、」処分を受けたことに対して取消しを求めたが裁判において棄却された事案です。つまり、納税者は、LPSは任意組合等と同様パススルー課税と考えてLPSの不動産賃貸業の減価償却資産に係る減価償却費を納税者の所得金額の計算上損金に算入して申告しましたが、課税庁はLPSは法人に当たるので、納税者においてその減価償却費を損金の額に算入することはできないとしたものです。主な争点はLPSが日本の租税法上法人に該当するかどうかです。

　LPSが日本の租税法上の法人に該当するかどうかの判断基準として、

地裁判決は、

「まず、①当該組織体に係る設立根拠法令の規定の文言や法制の仕組みから、当該組織体が当該外国の法令において日本法上の法人に相当する法的地位を付与されていること又は付与されていないことが疑義のない程度に明白であるか否かを検討すべきであり（以下『判断方法1』という。）、これができない場合には、次に、②当該組織体が権利義務の帰属主体であると認められるか否かを検討して判断すべきものであり（以下『判断方法2』という。）、具体的には、当該組織体の設立根拠法令の規定の内容や趣旨等から、当該組織体が自ら法律行為の当事者となることができ、かつ、その法律効果が当該組織体に帰属すると認められるか否かという点を検討すべきものと解される」（地裁判決・第3　当裁判所の判断・1争点・⑴ア後段）と説示した上、①の基準については、「同州の法令において日本法上の法人に相当する法的地位を付与されていること又は付与されていないことが疑義のない程度に明白であるとはいうことは困難であるというほかはない。」（地裁判決・第3　当裁判所の判断・1争点・⑴イ(イ)最後段）として、次の②の判断基準により「本件各LPSは、自ら法律行為の当事者となることができ、かつ、その法律効果が本件各LPSに帰属するということができ、権利義務の帰属主体であると認められる。」（地裁判決・第3　当裁判所の判断・1争点・⑴エ）とし、結論として「本件各LPSは、法人税法2条四号に定める外国法人に該当し、我が国の租税法上の法人に該当するものというべきである。」（地裁判決・第3　当裁判所の判断・1争点・⑴エ）と判示しました。

高裁判決は、原判決は相当としており「当該LPSの所在する地の法律にその法人格を認める規定がない場合であっても、そのことから直ちに法人税法2条四号に定める外国法人に該当しないことになるものではなく、当該LPSが権利義務の帰属主体であると認められるものであるときには、当該LPSは法人税法2条四号に定める外国法人に該当するものである。」

と地裁判決を補足し、その理由として地裁判決を引用しています（高裁判決・第3　当裁判所の判断・2⑴イ①について・後段）。

　このようにLPSは外国法人に該当することから、外国法人が所有する減価償却資産の減価償却費はLPSへ投資した法人には認められないという結果となり、本件で争われた損金算入処理を否認した税務当局の処分が追認されています。

　以下、上記地裁判決の判断方法1及び2について、より詳しく見てみます。なお、この判断方法は、先行する最高裁平成25年（行ヒ）第166号同27年7月17日第二小法廷判決・民集69巻5号1253頁（デラウェア州LPS・高裁判決破棄・納税者敗訴）で示されたものです。

【判断方法1】

　「ワシントン州法に基づいて設立されるLPSが、設立根拠法令の規定の文言や法制の仕組みから、同州の法令において日本法上の法人に相当する法的地位を付与されていること又は付与されていないことが疑義のない程度に明白であるとはいうことは困難であるというほかはない。」（第3　当裁判所の判断・1争点・⑴・イ判断方法1についての検討(イ)最後段）

　「ワシントン州法において、LPSが『incorporated entity』に該当しないとすれば、そのことは、LPSがコーポレーションではないことを明らかにすることにはなるものの、前記(イ)に述べたとおり、ワシントン州法がコーポレーション以外の法的又は商業上の主体について日本法上の法人に相当する法的地位を付与しているか否かは必ずしも明らかでないのであるから、LPSが『incorporated entity』に該当しないからといって、LPSが上記の法的地位を付与されていないと直ちにいうことはできない。」（第3　当裁判所の判断・1争点・⑴・イ判断方法1についての検討(ウ)a中段）

と、**判断方法1**によっては本件LPSの法人該当性は判断できないと判示しました。

【判断方法 2】

　「州 LPS 法は、パートナーは、現金以外の形式で、LPS からいかなる分配も要求、受領する権利を保有しないと定め（25. 10.350、乙 1）、G-LPS 以外の本件各 LPS に係るパートナーシップ契約においては、LP の地位に関し、『財産にする権利がないこと』という項目が設けられ、清算その他の場合には，各 LP は、現金以外の形式での分配を LPS に対して要求したり、又は LPS から受領したりする権利を持たないものとすると定められており（…）LP は、LPS の財産の全体に係る抽象的な権利を有するとしても、LPS の財産を構成する個々の物や権利について具体的な持分を有するものではないと解されるところ、このように解されることは、（…）州 LPS 法及び州 PS 法の定めに沿うものということができる。」（第 3　当裁判所の判断・1 争点・(1)・ウ判断方法 2 についての検討(ウ)後段）

　「以上に述べたところからすると、本件各 LPS は、自ら法律行為の当事者となることができ、かつ、その法律効果が本件各 LPS に帰属するということができ、権利義務の帰属主体であると認められる。」（第 3　当裁判所の判断・1 争点・(1)・ウ判断方法 2 についての検討(エ)後段）

　「以上によれば、本件各 LPS は、法人税法 2 条四号に定める外国法人に該当し、我が国の租税法上の法人に該当するものというべきである。」（第 3　当裁判所の判断・1 争点・(1)・ウ判断方法 2 についての検討エ後段）

　「本件各 LPS が営む本件各不動産賃貸事業に係る本件各物件（減価償却資産）の償却費を原告の各事業年度の所得金額の計算上損金の額に算入することはできないというべきである。」（第 3　当裁判所の判断・1 争点・(2)まとめ・後段）

と、**判断方法 2** による判断の結果、上記のように結論しています。

　しかし原告はその主張の中で、以下のように述べていました。

　「法人格形式基準は、我が国の租税法（私法）上の法人該当性を外国

事業体の設立準拠法上の取扱いに整合させる考え方であるから、設立準拠法において法人ではないとされている事業体を我が国において法人として取り扱うことによって課税上の不都合が生じる危険性を回避することができるという利点がある。

c　法人格形式基準による場合、我が国であれば法人とされるべき実質を有する事業体が法人に含まれないことがあり得る。これを捉えて、法人格形式基準は適正な課税を行うに際して不都合であるとの批判も考えられるところである。

しかしながら、実質的にみて我が国の法人に類似するが、法人格を付与されていないため法人と判断できない外国の事業体が仮にあったとすれば、そのような事業体は、最高裁昭和35年（オ）第1029号同39年10月15日第一小法廷判決・民集18巻8号1671頁が示した4要件を充足し、『人格のない社団等』として租税法上法人とみなされることが通常であるため、法人格形式基準によるとしても何ら不都合はない。

また、租税法上、原則は構成員課税であるから、準拠法上の法人でもなく、『人格のない社団等』としても捕捉されない事業体は、原則にのっとって構成員課税を受けるほかなく、かつ、その帰結は我が国の国内と同様の帰結であるから、その意味でも問題はない。」（別紙4争点に関する原告の主張の要点b、c）

この点、判決では原告が言及した本件LPSの人格のない社団等該当性については判断が示されていません。

なお、上記原告主張で言及した最高裁同39年10月15日判決は、権利能力のない社団（法人格を有しない社団）といい得るためには、

・団体としての組織をそなえ

・多数決の原則が行われ

・構成員の変更にもかかわらず団体そのものが存続し

・その組織によって代表の方法、総会の運営、財産の管理その他の団体
としての主要な点が確定している

ものでなければならないと判示し、上記 4 要件を示していました。参考判決（上記地裁判決）では、現地法令等により法人に該当するとの判断が先行したためか、本件 LPS がこのような要件を備えているかどうかについては判断言及していません。

なお、LPS の法人該当性をめぐる判決は他にもあります。筆者の知る範囲で概要を紹介します。ほとんどデラウェア州 LPS をめぐる事件で、注目すべきは、下級審、上級審で判断が異なるケース、同じデラウェア州 LPS 事案でありながら判断が分かれるケースがあることです。一件、バミューダ LPS 事件がありますが、本件は、法人該当性を争う事件ではあるものの、LPS 自身が日本における法人税法上の納税義務を負うかが焦点となりました。

このように、LPS の法人該当性をめぐっては司法判断が分かれるケースもあり、投資に当たっては、現地法令・課税関係なども含めて慎重に検討判断する必要があるでしょう。

参考：デラウェア州 LPS（地裁判決の古い順に並べました。要旨）

▶ケース 1：平 22.12.17 大阪地裁（控訴：納税者敗訴）

わが国の租税法上（私法上）の「法人」に該当する。

平 25.4.25 大阪高裁（上告不受理：納税者敗訴）

本件 LPS はわが国の租税法上の「法人」に該当する。

▶ケース 2：平 23.7.19 東京地裁（控訴：納税者勝訴）

本件 LPS は、わが国の法人と同様に損益の帰属すべき主体として設立が認められたものということはできない。

平 25.3.13 東京高裁（上告不受理：納税者敗訴）

本件 LPS はわが国の租税法上の「法人」に該当する。

▶ケース 3：平 23.12.14 名古屋地裁（控訴：納税者勝訴）

わが国の租税法上の法人には該当せず、その損益は納税者の不動産所得に該当する。

平25.1.24 名古屋高裁（上告：納税者勝訴）

地裁判決支持

平27.7.17 最高裁（高裁判決破棄・納税者敗訴）

本件LPSは自ら法律行為の当事者となることができ、かつ、その法律効果がLPSに帰属するものということができるから、権利義務の帰属主体であると認められると述べ、本件LPSは所得税法の定める外国法人に該当し、不動産賃貸事業により生じた所得も本件LPSに帰属すると判示。

▶バミューダLPS：本LPSそのものが法人として日本において納税義務を負うか。

平24.8.30 東京地裁（控訴：納税者勝訴：本LPSは法人に該当しない）

わが国の法人と同様に損益の帰属すべき主体（その構成員に直接その損益が帰属することが予定されない主体）として設立が認められたものということはできない。したがって、原告がわが国の租税法上の法人に該当すると認めることはできない。

原告が、租税法上の人格のない社団等であると認めることはできない。

平26.2.5 東京高裁（上告不受理：納税者勝訴）

バミューダ法に準拠して組成された被控訴人には、事業の損益がいったん帰属するものではない。

被控訴人は、租税法上の法人に該当するとは認められず。

トピックス

　上記に紹介した事件は、バミューダLPS事件以外はすべて海外不動産（建物）に係る減価償却費が問題となっています。この点、所得税の世界では、

　令和 2 年度税制改正において「国外中古建物の不動産所得に係る損益通算等の特例」（措法 41 の 4 の 3）が創設され、海外不動産・減価償却費を利用した節税策に一定の歯止めがかけられました。

　「個人が、令和 3 年以後の各年において、国外中古建物から生ずる不動産所得を有する場合においてその年分の不動産所得の金額の計算上国外不動産所得の損失の金額があるときは、当該国外不動産所得の損失の金額に相当する金額は、所得税に関する法令の規定の適用については、生じなかったものとみなされます」（「令和 2 年度　税制改正の解説」299 頁）

　ここで、「損益通算等が制限される国外不動産所得の損失の金額」とは「個人の不動産所得の金額の計算上国外中古建物の貸付けによる損失の金額のうち当該国外中古建物の償却費の額に相当する部分の金額として一定の計算をした金額」（同上 301 頁）とされ、減価償却費に起因する損失に焦点が当てられています。

　したがって、個人の場合は、判決のような事件で、仮に LPS が法人でなくパススルー課税対象と判断されても、本特例によりこの節税策には一定の制限がかけられると想定されます。

ケース３▶信託と信託受益権

Q3 　当社は不動産の賃貸をサイドビジネスにしていますが、本業の運送業に専念するため、当該不動産を信託銀行に信託する方向で検討しています。税務上、このような信託はどのように扱われるでしょうか。

A 　法人税法第12条は、「信託の受益者は（…）当該信託の信託財産に属する資産及び負債を有するものとみなし、かつ、当該信託財産に帰せられる収益及び費用は当該受益者の収益及び費用とみなして、この法律を適用する。」と規定しています。

　信託契約を締結すると信託する不動産はすべて受託者・信託銀行に名義が変わって形式的に所有権が移転し、同時に委託者である貴社は信託受益権を取得しますので、名義が変わってもその不動産に帰せられる収益費用は同条により、貴社のものとみなされます。つまり、信託した不動産に係る収益費用は貴社の収益費用として法人税の対象になるということです。

　この信託受益権は売買の対象にはなりますが、通常、受託者への事前通知、または、受託者の事前承諾がなければ、受益者は信託受益権の譲渡等の処分ができないので（信託法94）、信託前のように自身の判断のみで機動的に動けないリスクがあります。

解　説

第 1 節　信託財産に帰する収益及び費用

（1）会計税務処理上の留意点

　本問は、法人税法第 12 条（信託財産に属する資産及び負債並びに信託財産に帰せられる収益及び費用の帰属）が、「信託財産に属する資産及び負債を有するものとみなし」「信託財産に帰せられる収益及び費用は当該受益者の収益及び費用とみなして、この法律の規定を適用する。」と規定しているところ、このみなし規定にかかわる問題として取り上げました。

　なお、本問における信託は、法人課税信託（法法 2 二十九の二）には該当しないものとします。

　上記 Answer で指摘したほか留意すべき項目を挙げると、

①　税務上は法人税法第 12 条の規定から、信託契約を締結して不動産等が受託者に移転しても、受益権を取得した法人は「各事業年度の所得の金額の計算上、当該受益者等である当該法人の収益及び費用とみなされる当該受益者等課税信託の信託財産に帰せられる収益及び費用は、その信託行為に定める信託の計算期間にかかわらず、当該法人の各事業年度の期間に対応する収益及び費用となる」(法基通 14 － 4 － 2)とされていますので、事業年度の期間と信託の計算期間を同じにしないと、会計・税務の処理が煩雑になります（参考：組合事業損益に関しては、事業年度・計算期間の相違による煩雑さを避けることができる方法が認められています（法基通 14 － 1 － 1 の 2、14 － 1 － 2⑶)。

　この点、この通達が新設された平成 19 年 6 月 22 日課法 2-5 ほか改正通達の趣旨説明で以下のように解説されています。

　　「1　本通達において、受益者等課税信託の信託財産に帰せられる収益及び費用について、受益者等に対する帰属の時期を明らかにしてい

る。

2　受益者等課税信託では、その信託の受益者段階で法人税の課税関係が生じることとなり、当該受益者等課税信託の信託財産に帰せられる収益及び費用は、当該信託の受益者（受益者とみなされる者を含む。以下「受益者等」という。）に帰属することとなる。

　　ところで、実際の課税場面では、法人が受益者等課税信託の受益者等であって、当該法人の事業年度開始の日から終了の日までの期間と信託行為に定められた計算期間が一致しない場合もあり得よう。このような場合に、当該法人の各事業年度の所得の金額の計算上、当該信託財産に帰せられる収益及び費用は、当該法人の事業年度開始の日から終了の日までの期間に対応する収益及び費用となるのか、あるいは、当該信託行為に定められた信託の計算期間中の収益及び費用をまとめたところで、例えば当該計算期間の終了の日の属する当該法人の事業年度の収益及び費用となるのかとの疑義を抱く向きもあるようである。

3　この点、受益者等課税信託の受益者等は、当該信託の信託財産に属する資産及び負債を有するものとみなし、かつ、当該信託財産に帰せられる収益及び費用は当該受益者等の収益及び費用とみなして法人税法の規定を適用することとされていることから（法12）、当該受益者等に係る信託財産の帰属損益額は、受益者等である法人の各事業年度の期間に対応する信託財産に係る個々の損益を計算して、当該事業年度の益金の額又は損金の額に算入することとなる。

　　したがって、その信託行為に定める信託の計算期間の始期及び終期と受益者等である法人の事業年度の開始の日及び終了の日が一致しない場合には、当該法人の各事業年度の期間に対応する信託財産に帰せられる収益及び費用に基づき、受益者等である法人の各事業年度の所得の金額を計算することとなるのである。」

②　受益者等課税信託の受益者等である法人は「信託財産から生ずる利益又は損失を当該法人の収益又は費用とするのではなく、当該法人に係る当該信託財産に属する資産及び負債並びに当該信託財産に帰せられる収益及び費用を当該法人のこれらの金額として各事業年度の所得の金額の計算を行う」（法基通14－4－3）と規定されており、帰属額の総額で収益及び費用の計上をすることになります。

この点についても、上記改正趣旨説明で以下のように解説されています。

「1　本通達においては、受益者等課税信託の受益者等である法人が信託財産に係る帰属損益額を各事業年度の益金の額又は損金の額に算入する場合の当該帰属損益額の計算方法を明らかにしている。

2　受益者等課税信託では、その信託の受益者段階で法人税の課税関係が生ずることとなり、当該受益者等課税信託の信託財産に帰せられる収益及び費用は、当該信託の受益者等に帰属することとなる。

　　ところで、この場合の受益者等である法人の収益及び費用の計算に当たっては、いわゆる総額法により、当該信託財産に帰せられる収益及び費用を当該法人の収益及び費用とするのか、それともいわゆる純額法により、当該信託財産に帰せられる収益及び費用から計算される利益又は損失を当該法人の収益又は費用とするのかという疑義が生ずる。

3　この点については、受益者等課税信託の受益者等は当該信託の信託財産に属する資産及び負債を有するものとみなし、かつ、当該信託財産に帰せられる収益及び費用は当該受益者等の収益及び費用とみなされるのであるから（法12）、信託財産に帰せられる損益の計算結果だけをその法人の各事業年度の所得の金額の計算に反映させる純額法ではなく、その法人に係る当該信託財産に属する資産及び負債を有するものとし、その信託財産に帰せられる収益及び費用をその法人の収益及び費用の金額として各事業年度の所得の金額の計

算を行う総額法によることとなる。本通達はこのことを留意的に明らかにしている。」

③　平成19年度の税制改正で、租税特別措置法第67条の12第1項（組合事業等による損失がある場合の課税の特例）に、法人税法第12条第1項に規定する受益者に係る取扱いが追加され、信託損失のうち調整信託金額（法人のその信託財産に係る税務上の簿価純資産価額）を超える部分の金額に相当する金額はその事業年度の所得の金額の計算上、損金の額に算入しないとされました。信託損失が算出された場合に、法人の所得計算にそのまま反映させることができないこともあることに注意してください。

　この点は、本取扱いが導入された趣旨について、平成19年度税制改正の要綱（平成19年1月19日閣議決定）の「2　信託を利用した租税回避への対応その他の信託課税の適正化措置(3)」において、

　「信託損失に係る法人税の取扱い

　　受益者段階課税（発生時課税）される信託の法人受益者等に帰せられる信託損失のうち当該法人受益者等の信託金額を超える部分の金額は、損金の額に算入しないこととする。また、信託損失が生じた場合に法人受益者等に対しこれを補てんする契約が締結されていること等により当該法人受益者等の信託期間終了までの間の累積損益が明らかに欠損とならない場合には、その法人受益者等に帰せられる信託損失の全額を損金の額に算入しないこととする。」（「平成19年度　税制改正の解説」327頁）

と解説されています。

④　委託者兼当初受益者による信託設定時、期末時の会計処理について、法人税法は、「第2項に規定する当該事業年度の収益の額及び前項各号に掲げる額は、別段の定めがあるものを除き、一般に公正妥当と認められる会計処理の基準に従つて計算されるものとする。」（法法22④）

と規定しています。この意味で、一般的には企業会計基準委員会が公表する実務指針も尊重されますので、以下の指針を紹介します。

平成 19 年 8 月 2 日の実務対応報告第 23 号「信託の会計処理に関する実務上の取扱い（企業会計基準委員会）」Q3 では、

「1　信託設定時の会計処理

　　金融資産の信託（有価証券の信託を含む。）や不動産の信託などにおいて、受益者は、信託財産を直接保有する場合と同様の会計処理を行うものとされている（金融商品会計実務指針第 78 項及び第 100 項(1)、不動産流動化実務指針第 44 項）。このため、信託設定時に、委託者兼当初受益者において損益は計上されない。

（同旨・法基通 14 − 4 − 5（信託による資産の移転等））

2　委託者兼当初受益者による受益権の売却時の会計処理

　　上記のように、受益者は、信託財産を直接保有する場合と同様の会計処理を行うことから、受益権が売却された場合、信託財産を直接保有していたものとみて消滅の認識（又は売却処理）（金融商品会計基準第 9 項及び不動産流動化実務指針第 19 項から第 21 項）の要否を判断する。44 項）の要否を判断することとなる。

（同旨・法基通 14 − 4 − 6（信託の受益者としての権利の譲渡等））

3　委託者兼当初受益者による期末時の会計処理

(1)　原則的な取扱い

　　金銭以外の信託の受益者は、信託財産を直接保有する場合と同様に会計処理する（これには表示及び注記を含む。以下同じ。）こととなるため、信託財産のうち持分割合に相当する部分を受益者の貸借対照表における資産及び負債として計上し、損益計算書についても同様に持分割合に応じて処理する方法（以下『総額法』という。）によることとなる。ただし、重要性が乏しい場合には、この限りではない。」

　　　（同旨・法基通 14 － 4 － 3（信託財産に帰せられる収益及び費用の
　　　帰属額の総額法による計算）、ただし、通達は重要性については言及
　　　していません）

とされていますから、これらの点を踏まえて信託制度を利用することが肝
要です。

　ちなみに、上記通達や実務指針は平成 19 年に発遣されていますが、こ
の年は、前年の信託法の改正を受けて、法人税法における信託税制が大幅
に見直された年でもありました。この改正の経緯について、平成 19 年度
税制改正解説は次のように解説しています（「平成 19 年度税制改正の解説」
289 ～ 290 頁）。

　「従来の信託法（以下「旧信託法」といいます。）は、80 年以上にわたっ
て実質的な改正がされないまま現在に至っており、この間の社会・経済活
動の多様化に伴い、各方面で信託の利用が進み、旧信託法が制定された当
時には想定されていなかった形態での信託の活用も図られるようになって
きました。そこで、このような変化に十分に対応するため、旧信託法を見
直すことが必要となったことから、（…）新たな信託法（…）及び信託法
の施行に伴う関係法律の整備等に関する法律（…）が、平成 18 年 12 月 8
日に可決・成立し、平成 18 年 12 月 15 日に公布されました（…）。

　法人税においては、この新信託法の制定を契機として、既存制度の取扱
いも含め見直しを行ったところです。」

　信託により委託する際、土地であれば、信託開始時に登記の登録免許税
の軽減（登録免許税法別表 1（2））20/1000 ⇒（10）4/1000）や不動産取得税
の免除（地法 73 の 7 ①三）、印紙税の軽減（印紙税法別表 1・12 号文書）な
どがあり、また、取得した受益権については多少の不便はあるものの（信
託法 94）売買で実質的に不動産を処分することができることになります。

(2) 参考判例

　信託関係の判決としては、平成24年11月2日東京地裁判決、平成26年8月29日東京高裁（確定）判決があります。事件は上記平成19年度改正前のもので、原告は、信託銀行であり本問設定のような一般事業会社ではありません。また、事実関係として受益権を優先受益権と劣後受益権とに分けた上、優先受益権を譲渡した後に残った劣後受益権に係る収益計上を争うなど金融プロの案件です。しかも、収益計上方法が改正後の方法ではありませんので、本問設定の問題点の参考としてはやや難しいところがありますが、いずれにしても信託受益者の収益計上が争点となっていることから紹介します。

　この判決では、納税者の主張を退けた地裁判決が高裁で覆り、納税者が勝訴しています。

　以下、判決の概要を説明します。

　訴訟となった本件信託では、信託受益権について優先受益権と劣後受益権を創設して分割し、優先受益権については第三者投資家に売却して、残った劣後受益権を委託当初受益者（本件納税者）が保有していました。その後、納税者が、収益配当金として受ける対価について、「受取利息」に相当する「買入金銭債権利息額」と「元本の回収」に相当する「買入金銭債権償還額」とに区分し、前者のみを収益に計上する処理を行った収入計上方法が適法な会計処理とはいえないとして更正処分を受けたものです。地裁では国が勝訴しましたが、高裁では逆転、納税者の処理が認められています。

　本件信託では2取引が訴訟対象になっていますが、内容的に同一視できるので一取引を取り上げて論旨を説明します。

　本判決では、金融商品会計実務指針を法人税法第22条第4項に規定する「一般に公正妥当と認められる会計処理の基準」としているようで、特に、劣後受益権について指針105項の適用が焦点となっています。適用が

認められなければ納税者の敗訴となります。

第 2 節　収益計上と適用会計処理の判断

(1)事実関係

　「原告は、本件各事業年度において、本件各劣後受益権の収益配当金の
会計処理につき、金融商品会計実務指針 105 項の適用があるものとして、
同項の『受取利息』に相当する『買入金銭債権利息額』(…) 及び同項の『元
本の回収』に相当する『買入金銭債権償還額』(…) に区分し、買入金銭
債権利息額のみを収益に計上する一方で、買入金銭債権償還額については
収益に計上せず、同額を本件各劣後受益権の帳簿価額から減額処理を行っ
た」(地裁判決・第 2　事案の概要・2 争いのない事実等 (5))

(2)原告の主張

　「金融商品会計実務指針 105 項は、『債権の支払日までの金利を反映して
債権金額と異なる価額で債権を取得した場合には、取得時に取得価額で貸
借対照表に計上し、取得価額と債権金額との差額 (以下「取得差額」という)
について償却原価法に基づき処理を行う。この場合、将来キャッシュ・フ
ローの現在価値が取得価額に一致するような割引率 (実効利子率) に基づ
いて、債務者からの入金額を元本の回収と受取利息に区分する。』と規定
するところ、その趣旨は、債権が元の所有者から新たな所有者に移転する
時に、その債権から将来得られる金利収入を反映して取得価額と債権金額
の差額 (取得差額) が生じた場合に、取得差額について償却原価法に基づ
き処理を行うことで、経済活動の実態に照らして実質的に収益と評価でき
る範囲の利息のみを当該債権からの受取利息として収益に計上させること
にあるから、同項にいう取得は、債権の売買等の典型的な場合に限られず、

何らかの債権の移転が生じたことに伴い、当該債権の金利を反映して債権金額とは異なる取得価額が貸借対照表に計上された場合も、同項にいう取得に該当すると解すべきである。

　本件においては、第三者に譲渡された本件各優先受益権の金利が市場水準の金利と同様とされたことにより市場水準を上回っていた分の金利が本件各劣後受益権の帳簿価額に反映された結果、本件各劣後受益権の帳簿価額と債権金額との間に差額が生じたのであるから、原告が本件各劣後受益権を保有するに至ったことは、金融商品会計実務指針 105 項にいう取得に該当する」（地裁判決・4. 争点に関する当事者の主張・(1)（原告の主張）ア）

　一方、課税庁は「本件各劣後受益権は、金融商品会計実務指針 291 項により、新たな金融資産の購入としてではなく、信託した金融資産である本件各債権の残存部分と評価されるから、同指針 105 項の取得に該当しない」（地裁判決・4. 争点に関する当事者の主張・(1)（被告の主張）ア）と反論し、地裁は被告（課税庁）の主張を採用したため、納税者は敗訴しました。

　しかし、高裁では、

「取引の経済的実態からみて合理的なものとみとめられる収益計上の基準の中から、当該法人が特定の基準を選択し、継続してその基準によって収益を計上している場合には、法人税法上も右会計処理を正当なものとして是認すべきものであると解される。（…）控訴人が、本件各劣後受益権につき、金融商品会計実務指針 105 項と同様の会計処理をし、継続して同様の処理基準により収益を計上したことが、取引の経済的実態からみて合理的なものである場合には、これにより会計処理をすることも許容される」（高裁判決・第 3　当裁判所の判断・1 争点・(3)・ア最後段）

とし、さらに

「このように金融商品会計実務指針 105 項は、債権の支払日が将来の期日であることから、その間の金利を反映して債権の元本金額よりも高い金額（あるいは低い金額）で取得した場合には、その差額をその支払日まで

の期間にわたって期間配分するものとして、上記のように割引率（実効利子率）を定め、それに基づいて算定された額をその債権の受取利息とすることが合理的であることから、その方法で算定された受取利息額が、実際に受領した利息額より多いあるいは少ない場合は、その差額分を債権の帳簿価額に加算あるいは減算させて（ママ）ことによって、割引率（実効利子率）による利息の計算を会計処理に反映させるように償却原価法による処理を行うこととしたものであると解される。」（高裁判決・第3　当裁判所の判断・1　争点・⑶・イ㋐・後段）

「本件各劣後受益権の内容は、控訴人が保有していた住宅ローン債権とは、元本の償還の時期、利息の利率などを異にし、信託受益権を優先受益権、劣後受益権と質的に異なるものとして分割され、その劣後受益権を保有するに至ったもので、住宅ローン債権の単純な残存部分とはいえないから、住宅ローン債権とは異なる内容の債権を保有するに至ったといえるのであって、この状況は、『債権を取得した』という利益状況に類似しているということができると解される。」（高裁判決・第3　当裁判所の判断・1　争点・⑶・イ㋓中段以下）

「控訴人が、本件各劣後受益権につき、金融商品会計実務指針105項と同様の会計処理を選択し、継続して本件各事業年度において、同項と同様の会計処理によって収益を計上したことは、法人税法上もその会計処理を正当なものとして是認すべきであるから、これを一般に公正妥当と認められる会計基準に適合しないものとした本件各更正処分は違法であり、これを前提とした本件各賦課決定処分も違法であるというべきである。」（高裁判決・第3　当裁判所の判断・2）

と判示し、本件納税者の主張を認めました。

　不動産を信託受益権にすることによって、収益配当金を受領するだけでなく、その利用方法は多岐にわたりますが、受益権を所有している限り、税務上の扱いは「信託財産に属する資産及び負債を有するものとみなし」、

かつ、「当該信託財産に帰せられる収益及び費用は当該受益者の収益及び費用とみなし」とする規定（法法 12 ①）が基本となることに改めて留意願います。

第 2 章

課税物件

ケース1▶みなし配当－外国子会社からの資本の払戻し

Q4 当社は100%出資のアメリカに本店がある海外子会社A社から資金を回収する予定です。A社はコロナによる検査薬の受注で例年にみない収益を上げていて、令和4年12月期は資金的に余裕が生じていることから、これまでに投資した資本金のうち半分に当たる1億ドルを資本の払戻しにより回収して当社の資金として活用しようと考えています。

この回収資金1億ドルについて課税関係はどうなりますか。

なお、令和4年12月期の子会社の利益剰余金は10億ドルあります。資本金は2億ドルで資本剰余金はありません。簿価純資産価額は12億ドル（簿価資産112億ドル、簿価負債100億ドル）です。子会社の総株数は100株、払戻し株数は50株です。配当決議時に資本金を1億ドル減額して資本剰余金に振り替える処理を予定しています。また、当社の子会社株式の簿価は200億円です。配当受取時のドル円相場は1ドル120円を見込んでいます。

 A 外国子会社から資本の払戻しで資金を回収すると、資金を受領するほうは、資本金等の額から成る部分と剰余金の配当と

して、みなし配当と成る部分とを受領することになります。そして、資本金等の額から成る部分の金額は有価証券の譲渡収入となりますから簿価との差額が譲渡損益になります。配当とみなされる金額は受取配当等益金不算入の対象となりますが（法法 24 ①、法法 23 ①）、海外子会社からの配当ですので、受取配当等の益金不算入制度の対象となる「みなし配当部分」については 100 分の 5 に相当する金額が益金不算入の対象から控除されることになっています（法法 23 の 2 ①、法令 22 の 4 ②）。

解　説

第 1 節　みなし配当

（1）譲渡損益計算等

　本問はみなし配当（法法 24）にかかるもので、典型的なみなし規定をめぐる論点に関わっています。株式を有する他の法人から金銭その他の資産の交付を受けた場合において、配当とみなされる事由は種々ありますが、本問ではそのうち、資本の払戻しのケース（法法 24 ①四）を取り上げました。

　いずれの場合も、交付を受けた金銭の額及び金銭以外の資産の価額の合計額が資本金等の額のうち、交付の起因となった株式または出資に対応する部分の金額（資本金等の額から成る部分）を超える場合、超える部分の金額は配当とみなされます。

　資本金等の額から成る部分については、有価証券の譲渡収入として譲渡損益の計算をすることになります（法法 61 の 2 ①）。

　払戻しを受けた金額のうち、資本金等の額から成る部分を超える部分は配当とみなされますが（法法 24 ①）、質問の条件に基づいて計算をしてみ

ると、貴社の場合、次のみなし配当の計算表❶のとおりであり、外国子会社から受ける配当等の益金不算入額の計算は、以下の外国子会社から受ける配当等の益金不算入額計算表❷のようになります。

【みなし配当の計算表❶】（表中「法」は法人税法、「令」は同法施行令）

			みなし配当の金額（資本の払戻し等の場合）		
株式又は出資に対応する部分の金額	払戻し等の直前の払戻等対応資本金額等	令23①四イ	直前の資本金等の額	①	2億ドル
			払戻法人（A社）前期期末時の資産の帳簿価額	②	112億ドル
			払戻法人（A社）前期期末時の負債の帳簿価額	③	100億ドル
			前期期末時から払戻し等の直前の時までの資本金等の額の増減額	④	0
			令23条1項四号イ(1)に掲げる金額（簿価純資産額） （②－③－④）	⑤	12億ドル
		令23①四イ	資本の払戻しにより減少した資本剰余金の額	⑥	1億ドル
			令23条1項四号イ(2)に掲げる金額 （⑥ ※⑥＞⑤の場合は⑤）	⑦	1億ドル
	資本金額等		払戻し等の直前の払戻等対応資本金額等 （①×（⑦÷⑤）※①≦0の場合は0、①＞0かつ⑤≦0は1 （割合について小数点以下3位未満の端数は切上げ） 　0.083333…⇨0.084	⑧	0.168億ドル
	株式又は出資に対応する部分の金額 （⑧÷払戻し等に係る株式の総数×払戻し等の直前に保有していた払戻法人の払戻し等に係る株式の数）			⑨	0.168億ドル
みなし配当	交付を受けた金銭の額及び金銭以外の資産の価額の合計額			⑩	1億ドル
	⑩のうち株式又は出資に対応する部分の金額を超える金額 （⑩－⑨）			⑪	0.832億ドル
	みなし配当の金額 （ドル/円為替レート120円で換算）			⑫	0.832億ドル （99億8,400万円）

【外国子会社から受ける配当等の益金不算入額計算表❷】

			金　額
みなし配当の金額（みなし配当の計算表❶の⑫）	⑬		99 億 8,400 万円
剰余金の配当等の額に係る費用の額に相当する金額 （⑬× 5/100）（法令 22 の 4 ②）	⑭		4 億 9,920 万円
外国子会社から受ける配当等の益金不算入額 （⑬－⑭）（法令 23 の 2 ①）	⑮		94 億 8,480 万円

【有価証券の譲渡益又は譲渡損の計算表❸】

				金　額
譲渡損益の計算	対価の額	交付を受けた金銭の額及び金銭以外の資産の額の合計額 （ドル）	⑯	1 億ドル
		交付を受けた金銭の額及び金銭以外の資産の額の合計額 （円）※ドル / 円為替レート 120 円	⑰	120 億円
		法人税法 24 条 1 項によりみなし配当として算出された額⑬	⑱	99 億 8,400 万円
		有価証券の譲渡に係る対価の額（⑰－⑱） （法法 61 の 2 ①一）	⑲	20 億 1,600 万円
	原価の額	所有する保有株式の払戻し等の直前の帳簿価額	⑳	200 億円
		有価証券の譲渡に係る原価の額（⑳×⑧の率）	㉑	16 億 8,000 万円
	有価証券譲渡益の益金算入額の計算（⑲－㉑）		㉒	3 億 3,600 万円

　以上の計算表から、貴社における本件配当に関する課税所得への影響額を試算してみると、

・外国子会社の配当金収入　　　　　　　　　9,984,000,000 円
・外国子会社の配当等益金不算入額　　　▲ 9,484,800,000 円
　　　　　　小計（受取配当課税対象額）　　　499,200,000 円

・子会社株式譲渡収入（対価の額）	2,016,000,000 円
・子会社株式譲渡簿価	▲ 1,680,000,000 円
小計（有価証券譲渡益）	336,000,000 円
合計課税対象金額	835,200,000 円

となります。

（2）アドバイス

　子会社からの資金回収の仕方次第で、課税所得への影響額は変わってきます。資金の回収方法には本問の資本の払戻しの他、利益剰余金の配当や株式の譲渡、子会社による自己株式の取得、M&A などがありますが、貴社の課税所得への影響が大きいので選定には慎重さが求められます。今回の場合、資本の払戻し（資本剰余金の減少）より、利益剰余金の配当で資金を回収したほうが税金面では有利になると考えます。

　これは、資本剰余金の額の減少に伴う剰余金の配当（資本の払戻し）の場合、交付を受ける金銭等の額は、会計上は全額資本剰余金の減少であって利益剰余金の配当でなくても、税務上は払戻等対応資本金等の額を超える金額が配当とみなされ、同時に、有価証券の譲渡損益が発生するためです。この結果、益金不算入となる金額は払戻し全額が配当となる場合に比べて減少すると同時に、有価証券の譲渡益が生じる場合は特に課税所得が増加することになります。ただし、譲渡原価が大きく譲渡損が生じる場合は、必ずしも課税所得が増加するとは限りませんから、回収方法の選択に当たっては種々のケースを想定してシミュレーションすることが有用でしょう。

　いずれにしても、法人税法第 24 条第 1 項第四号の資本の払戻しは資本剰余金の減少に伴うものに限られていることから、会計上、利益剰余金からの配当であれば、全額が配当となり益金不算入の対象が増加することになります。

（3）利益剰余金の配当での計算

　以下に、今回、利益剰余金での配当とした場合を想定して試算を示します。

＜利益剰余金の配当で計算＞

【外国子会社から受ける配当等の益金不算入額計算表】

		金　額
配当の金額（1億ドル）ドル／円為替レート 120 円	㉓	120 億円
剰余金の配当等の額に係る費用の額に相当する金額 （㉓× 5/100）（法令 22 の 4 ②）	㉔	6 億円
外国子会社から受ける配当等の益金不算入額 （㉓－㉔）	㉕	114 億円

・外国子会社の配当金収入　　　　　　　　　　12,000,000,000 円
・外国子会社の配当等益金不算入額　　　　▲ 11,400,000,000 円
　　差引課税所得金額　　　　　　　　　　　　　600,000,000 円

　以上のとおり、課税される金額は資本剰余金の減少に伴う資本の払戻しの場合に比べて減少します。

第 2 節　源泉徴収義務

（1）参考1：受取配当等益金不算入制度、みなし配当に係る源泉所得税の徴収義務について

　会社法第 453 条には「株式会社は、その株主に対し、剰余金の配当をすることができる。」と規定されています。そして、法人税法第 23 条は、剰余金の配当等を受けるときは一定金額について益金不算入とする旨規定し

ています。

　また、自己の株式等を取得したこと、あるいは資本の払戻し等、法人税法第24条第1項に規定する事由により株主に金銭その他資産を交付した場合その合計額が、当該法人の資本金等の額のうち、その交付の基因となった当該法人の株式等に対応する部分の金額を超えるときは、その超える部分の金額は法人税法第23条第1項の配当等の額とみなされ、同条の受取配当等の益金不算入制度が適用されます。

　同時に、会社法第453条の剰余金の配当でなくても資本の払戻しや自己の株式の取得などにより、金銭その他の資産を交付したときは、その交付の起因となった株式等に対応する部分の金額を超える部分は配当とみなされ、その配当とみなされた部分の支払いについては、国内において配当等を支払う者はその支払いの際に所得税の源泉徴収を行うことになっています（所法181①）。税務調査において、みなし配当の指摘を受けることも往々にしてあり、この場合、配当を受領する側にとっても支払う側にとっても源泉所得税の問題も大きなインパクトとなります。

　なお、源泉徴収制度が改正され、令和5年10月1日からは、完全支配関係等がある法人間での配当については、源泉所得税の取扱いが変更になっており、所得税を課さないこととされています（令和4年3月31日法律第四号改正附則第1条第五号）。

　（注）　一定の内国法人（＊1）が支払いを受ける配当等で以下のものについては、所得税を課さないこととし、その配当等に係る所得税の源泉徴収を行わないこととされました（令和5年10月1日以後に支払いを受けるべき配当等について適用）。

　　⑴　その一定の内国法人がその配当等の額の計算期間の初日からその末日まで継続して発行済株式等の全部を保有する株式等（＊1、2）（以下「完全子法人株式等」という）に係る配当等

　　⑵　その配当等の額に係る基準日等（配当等の額の計算期間の末日等）（＊

3)において、その一定の内国法人が直接に保有する他の内国法人（一般
社団法人等を除く）の株式等の発行済株式等の総数等に占める割合が 3
分の 1 超である場合における当該他の内国法人の株式等（＊2）（上記(1)の
完全子法人株式等に該当する株式等を除く）に係る配当等

＊1　法人税法第 23 条第 5 項に規定する完全子法人株式等をいう。

＊2　その一定の内国法人が自己の名義をもって有するものに限る。

＊3　法人税法施行令第 22 条第 1 項に規定する基準日等をいう。

　また、これまで述べたように外国子会社からの配当についても受取配当
金等の益金不算入の規定があります（法法 23 の 2）。一定の株式等を保有
している外国子会社から法人税法第 24 条第 1 項に掲げる剰余金の配当が
あるときは、第 23 条の 2 第 1 項で計算した金額について益金に算入しな
いとされています。つまり、費用の額に相当するとされる剰余金の配当等
の額の 5％に相当する金額（法令 22 の 4 ②）を控除した金額が益金不算入
の対象となります。

(2) 参考 2：最高裁判決

　本問には直接影響はありませんが、令和 3 年 3 月 11 日に外国子会社か
らの資本剰余金と利益剰余金の双方を原資とする剰余金の配当に関して最
高裁判所の判決が出ていますので紹介しておきます。

　同判決では利益剰余金と資本剰余金の双方を原資として行われた剰余金
の配当について取扱いが示されました。ポイントは、「利益剰余金と資本
剰余金の双方を原資として行われた剰余金の配当は、その全体が法人税法
24 条 1 項三号（現行税法では 24 条 1 項四号）に規定する資本の払戻しに該
当する」と判示した上で、減少した資本剰余金を超える払戻等対応資本金
額等が算出される場合があり、この限度において、この計算方法を定めた
法人税法施行令第 23 条は違法無効と判示した点です。

　同判決は、外国子会社から受けた利益剰余金と資本剰余金の双方を原資

とする剰余金の配当を、法人税法第24条第1項第四号の資本の払戻しとしてみなし配当を計算すると、資本の払戻し部分に利益配当が含まれている可能性があることから、受取配当等の益金不算入制度の対象となる「みなし配当部分」と有価証券の譲渡損益を計算する基礎となる「資本の払戻し部分」を算出するに当たって、法人税法施行令第23条第1項第四号によって払戻等対応資本金額等を算出する方法では減少した資本剰余金を超える払戻等対応資本金額等が算出される場合があり、この限度において、この算出法を定めた法人税法施行令第23条は違法無効と判示しました。

　また、同判決は剰余金の配当に資本の払戻しが一部でも含まれているときは法人税法第24条第1項第四号の資本の払戻しとしてみなし配当の計算をすることになると判示しています。

　この判決を受けて国は、令和4年4月1日施行の同施行令第23条第1項第四号に「（当該払戻し等が法24条第1項第四号に規定する資本の払戻しである場合において、当該計算した金額が当該払戻し等により減少した資本剰余金の額を超えるときは、その超える部分の金額を控除…）」するとのかっこ書きを挿入して施行令を改正し、計算した金額、すなわち、払戻等対応資本金額等が払戻し等により減少した資本剰余金の額を超えないように計算方法を変更しました。

　（注）　みなし配当の額の計算方法等について、次の見直しが行われています（令和4年4月1日以後に行われる資本の払戻しについて適用）。

　　⑴　資本の払戻しに係るみなし配当の額の計算の基礎となる払戻等対応資本金額等及び資本金等の額の計算の基礎となる減資資本金額は、その資本の払戻しにより減少した資本剰余金の額を限度とする。

　　　＊出資等減少分配に係るみなし配当の額の計算及び資本金等の額から減算する金額についても同様。

　　⑵　種類株式を発行する法人が資本の払戻しを行った場合のみなし配当の額の計算の基礎となる払戻等対応資本金額等及び資本金等の額の計

算の基礎となる減資資本金額は、その資本の払戻しに係る各種類資本
金額を基礎として計算する。

　再掲になりますが、外国法人から受ける配当等は、外国子会社が法人税
法第23条の2に定める一定の要件を備えている場合は、同条及び法人税
法第23条第1項第一号により益金不算入規定の適用があり、この外国法
人から受ける配当等には、法人税法第24条のみなし規定の適用がある配
当等も含まれます。

▶最高裁令和3年3月11日判決（TAINS Z 888−2354）

概要

判示事項

「1　内国法人である被上告人は、平成24年4月1日から同25年3月31
　　日までの連結事業年度において、外国子会社から資本剰余金及び利益剰余
　　金を原資とする剰余金の配当を受け、このうち、資本剰余金を原資とする
　　部分は法人税法（平成27年法律第9号による改正前のもの。）24条1項3
　　号所定の資本の払戻しに、利益剰余金を原資とする部分は同法23条1項
　　1号所定の剰余金の配当にそれぞれ該当するとして、本件連結事業年度の
　　法人税の連結確定申告をしたところ、所轄税務署長は、本件配当の全額が
　　上記の資本の払戻しに該当するとして、本件連結事業年度の法人税の更正
　　処分をしたため、被上告人が、上告人を相手に、本件更正処分のうち申告
　　額を超える部分の取消しを求める事案である。

　2　会社法は、旧商法における利益の配当については利益剰余金を原資とす
　　る剰余金の配当と、株式の消却を伴わない資本の減少による払戻しについ
　　ては資本金を資本剰余金へ振り替えた上での資本剰余金を原資とする剰余
　　金の配当とそれぞれ整理したため、両者は剰余金の配当（453条）という
　　同一の手続により行われることとなった。そこで、平成18年改正後の法
　　人税法においては、23条1項1号と24条1項3号の適用の区別につき、

会社財産の払戻しの手続の違いではなく、その原資の会社法上の違いによることとされた。

3　会社法における剰余金の配当をその原資により区分すると、①利益剰余金のみを原資とするもの、②資本剰余金のみを原資とするもの及び③利益剰余金と資本剰余金の双方を原資とするものという３類型が存在するところ、法人税法24条１項３号は、資本の払戻しについて「剰余金の配当（資本剰余金の額の減少に伴うものに限る。）‥」と規定しており、これは、同法23条１項１号の規定する「剰余金の配当（‥資本剰余金の額の減少に伴うもの‥を除く。）」と対になったものであるから、このような両規定の文理等に照らせば、同法は、資本剰余金の額が減少する②及び③については24条１項３号の資本の払戻しに該当する旨を、それ以外の①については23条１項１号の剰余金の配当に該当する旨をそれぞれ規定したものと解される。

　　したがって、利益剰余金と資本剰余金の双方を原資として行われた剰余金の配当は、その全体が法人税法24条１項３号に規定する資本の払戻しに該当するものというべきである。

4　以上によれば、利益剰余金及び資本剰余金の双方を原資として行われた剰余金の配当について、利益剰余金を原資とする部分には法人税法23条１項１号が適用されるとした原審の判断には法人税法の解釈を誤った違法がある。

5　法人税法24条３項の委任を受けて株式対応部分金額の計算方法について規定する法人税法施行令23条１項３号は、会社財産の払戻しについて、資本部分と利益部分の双方から純資産に占めるそれぞれの比率に従って比例的にされたものと捉えて株式対応部分金額を計算しようとするものであるところ、直前払戻等対応資本金額等の計算に用いる施行令規定割合を算出する際に分子となる金額を当該資本の払戻しにより交付した金銭の額ではなく減少資本剰余金額とし、資本剰余金を原資とする部分のみについて上記の比例的な計算を行うこととするものであるから、この計算方法の枠組みは、前記の同法の趣旨に適合するものであるということができる。し

かしながら、簿価純資産価額が直前資本金額より少額である場合に限ってみれば、上記の計算方法では減少資本剰余金額を超える直前払戻等対応資本金額等が算出されることとなり、利益剰余金及び資本剰余金の双方を原資として行われた剰余金の配当において上記のような直前払戻等対応資本金額等が算出されると、利益剰余金を原資とする部分が資本部分の払戻しとして扱われることとなる。

6　そうすると、株式対応部分金額の計算方法について定める法人税法施行令23条1項3号の規定のうち、資本の払戻しがされた場合の直前払戻等対応資本金額等の計算方法を定める部分は、利益剰余金及び資本剰余金の双方を原資として行われた剰余金の配当につき、減少資本剰余金額を超える直前払戻等対応資本金額等が算出される結果となる限度において、法人税法の趣旨に適合するものではなく、同法の委任の範囲を逸脱した違法なものとして無効というべきである。

7　本件資本配当の額を超える直前払戻等対応資本金額等に基づいて、本件配当におけるみなし配当金額及び有価証券の譲渡に係る対価の額を計算することは誤りであるといわざるを得ず、被上告人の本件連結事業年度における連結所得金額が本件申告の額を超え、翌期へ繰り越す連結欠損金額が本件申告の額を下回るものと認めることはできないから、本件更正処分のうち本件申告に係る申告額を超える部分は違法である。したがって、その余の点について判断するまでもなく、被上告人の請求を認容すべきものとした原審の判断は、結論において是認することができる。」

ケース２▶みなし配当−非上場株の取得

Q5　父は株式会社Ａを経営していましたが、今年の５月に亡くなりました。Ａ社の株の持分は100％亡父が所有しており、持分をすべて私が相続財産として引き受け当該有価証券の評価額1.9億円を相続財産として申告する予定です。算出される相続税額１億円の資金に充てるため、同社に自己株を取得させて納税資金を手当するつもりです。

　非上場有価証券の自己株の取得の場合、みなし配当となる場合があり、源泉所得税の納付や配当所得として私も申告が必要となる場合があると聞いていますが、どのくらいの金額がみなし配当になるのでしょうか。

　なお、Ａ社は資本金1,000万円で、発行済株式数は200株、2022年３月期の簿価純資産価額は２億円（簿価資産12億円、簿価負債10億円。含み益のあるものはありません）、資本剰余金はありません。また利益剰余金は１億9,000万円でした。自己株式の取引数量は100株を考えています。

A　簿価純資産が２億円ですので１株当たりの価額は100万円と算出されます。Ａ社の取得株数を100株とすると、１億円がＡ社から交付されることになりますので、100株に対応する資本金等の額を500万円として、差額9,500万円がみなし配当と算定され、500万円は有価証券譲渡の譲渡収入となります。

　１株当たり純資産価額（１株当たりの価額）100万円

　　＝20,000万円÷200株

　交付される金銭等　10,000万円＝100万円×100株

1 株当たり資本金 5 万円＝資本金 1,000 万円÷ 200 株

交付金銭等 10,000 万円のうち、資本金に対応する金額 500 万円

……有価証券譲渡収入

1 株当たり資本金 5 万円× 100 株

みなし配当 9,500 万円＝交付金銭等 10,000 万円－資本金に対

応する金額 500 万円

解 説

第 1 節　自己株式の取得

　本問は、株式の発行会社に自己株式を譲渡する者が個人ですので、所得税法第 25 条第 1 項みなし配当規定が関係し、法人税法上のみなし配当規定の問題ではありませんが、この所得税のみなし配当規定は法人税法第 24 条第 1 項みなし配当規定と同じ内容ですので、みなし配当をめぐる類似の案件として取り上げました。

　また、後述するように、個人が相続財産として取得した非上場株式を発行会社に譲渡する場合は、一定の条件の下にみなし配当規定は適用されませんので、適用されなければみなし規定の問題でないともいえますが、適用の有無をめぐって派生する事例として説明します。

（1）みなし配当課税か譲渡所得課税か

　上記 Answer のように、本問では一般的にはみなし配当が生じ、A 社が自己株式取得の代金として 1 億円を支払う際、20.42％（国税 20.42％、）の源泉税 20,420,000 円が控除されますので、交付される金銭等の手取りは 79,580,000 円になります。

　しかし、相続税の申告書の提出期限の翌日から 3 年を経過する日までの間に非上場株式をその発行会社に譲渡した場合には、手続をすれば、みな

し配当課税を行わずに、譲渡対価の全額を株式の譲渡による収入として譲渡所得の金額の計算をすることとされています（措法9の7①②）。この取扱いを適用すれば、源泉所得税は徴収されません。その上で、譲渡所得の確定申告においてみなし配当部分も譲渡収入に含めて譲渡所得を計算し、分離課税で申告することになります（措法9の7②、措法37の10）。また、相続税申告の際に支払った当該非上場有価証券に係る相続税分を譲渡所得の計算上、取得費として加算することができます（措法39①）。

　以上の取扱い関係を再度整理します。

　この租税特別措置法第9条の7第1項は、一定の条件の下で所得税法第25条のみなし配当規定を適用しないとしています。この結果、配当所得に係る源泉徴収は行われません。次いで、同措法第9条の7第2項による、租税特別措置法第37条の10第3項の読替えにより、非上場株式のみなし配当部分は租税特別措置法第37条の10第3項にて**譲渡所得等に係る収入金額とみなされます。**そして、同第37条の10第1項により15％（地方税等は別）の分離課税となります。

　ここで、租税特別措置法第9条の7（以下、「みなし配当課税の特例」という）を適用する場合の要件ですが、対象となっている会社の株式について「相続税額に係る課税価格の計算の基礎に算入された」非上場株式を譲渡した場合と規定されていることから、算入された時点において「株式会社の発行した株式」として存在していたことが所与の要件とされています（後掲平成22年3月30日東京地裁判決）。相続人が被相続人の財産を取得するのは相続開始時（被相続人の死亡時）であることとも併せて、株式として相続税の課税価格に算入するのは相続開始時、すなわち被相続人が死亡の時になります。つまり、相続開始時（被相続人が死亡の時）に株式会社によって発行された株式として存在し、当該会社の株式に対して相続税が課税されていないと「みなし配当課税の特例」は適用されません。

　なお、必ずしも「みなし配当課税の特例」を適用したほうが有利とは断

定できません。適用しない場合といずれが有利かは最終的に納税額を算出して比較してみないと判断できませんので、当該条項を適用するかどうかの選択に当たっては注意を要します。みなし配当課税を選択して確定申告をしたほうが、課税所得の総額により所得税の負担額が低くなることも考えられます。ちなみに相続税そのものは相続時の株式の評価額2億円で計算されますから、「みなし配当課税の特例」の適用、不適用によって左右されることはありません。

（2）参考：相続税におけるみなし配当課税の特例等

みなし配当課税の特例関係について再度詳述します。

・租税特別措置法第9条の7第1項には、相続財産に係る株式をその発行した非上場会社に譲渡した場合のみなし配当課税の特例、すなわち、所得税法第25条第1項のみなし配当規定を適用しない特例が設けられています。

・租税特別措置法第37条の10第3項は、各号に定める金額を一般株式等の譲渡所得等に係る収入金額とみなす規定ですが、「所得税法第25条第1項の規定に該当する部分の金額を除く」とされていることから、このままでは、各号に定める金額からこの所得税法の規定によりみなし配当とされる部分が除かれ、みなし配当部分は譲渡所得等に係る収入金額とみなされません。当然、租税特別措置法第37条の10第3項第五号の、自己株式の取得による交付を受ける金銭等の額もみなし配当部分は譲渡所得の収入金額から除かれます。

しかし、租税特別措置法第9条の7第2項による同法第37条の10第3項の読替え規定により、「所得税法第25条第1項の規定に該当する部分の金額を除く」の部分は、「所得税法第25条第1項の規定に該当する部分の金額（第9条の7第1項の規定の適用を受ける金額を除く。）を除く」と読み替えられますので、租税特別措置法第9条の7第1項の「みなし

配当課税の特例」を受ける場合、つまり、みなし配当課税を受けない場合は、みなし配当部分は譲渡所得の計算上収入金額とみなされ、自己株式の取得により交付を受ける金銭等の全額が収入金額とみなされることになります。ただし、既述のとおり、同法第9条の7第1項の「みなし配当課税の特例」を受けるには所要の要件がありますので注意が必要です。

・租税特別措置法第39条には相続財産に係る譲渡所得の課税の特例が定められており、相続税申告期限の翌日から以後3年を経過する日までに相続税額に係る課税価格の計算の基礎に算入された資産の譲渡をした場合は、譲渡資産の取得費に当該相続税額のうち当該譲渡をした資産に対応する部分の金額を加算すると定められています。この規定は、みなし配当課税を選択し、みなし配当とされる部分以外を譲渡収入として（本問では500万円）譲渡所得の申告をする場合にも適用があると考えられます。

第 2 節　租税特別措置法第9条の7をめぐる判決

Q5に直接関係する判決ではありませんが、上記した租税特別措置法第9条の7の適用をめぐって争った判決があります。

平成22年3月30日の東京地裁の判決（控訴・平成22年9月9日高裁判決棄却・上告、平成23年3月1日最高裁は棄却・不受理）です。

本判決の概要：会社法施行により特例有限会社として存続していた原告が、相続人が相続により取得した原告に対する出資持分を、自己の株式として取得するに当たり対価を交付したことに関して、みなし配当部分について所得税を徴収して納付した後、租税特別措置法第9条の7第1項の「みなし配当課税の特例」の適用があるとして納付した源泉所得税の還付を求めた事案です。

　原告は、会社法整備法第 1 条第三号の規定による廃止前の有限会社法の規定による有限会社で、同整備法第 2 条第 1 項に基づき会社法の規定による株式会社として存続している会社です。この原告が自己株式を取得するに当たって交付した対価の額が資本金等の額のうち同対価の交付の基因となった株式に対応する部分の金額を超えるため、当該超える部分が所得税法第 25 第 1 項の剰余金の配当とみなされ、同法第 181 条第 1 項により源泉徴収がされることになりました。

　原告は、相続をした時点では有限会社であり、その後、会社法整備法第 2 条第 1 項により株式会社として存続した後、当該相続財産である株式を自己株式として取得しており、その取得の対価として交付した代金が、原告の法人税法第 2 条第十六号に規定する資本金等の額のうちその交付の基因となった原告の株式に対応する部分の金額を超えているため、所得税法の規定の適用については、その超える部分の金額に係る金銭その他の資産は配当とみなすとされました（所法 25 ①）。

　この規定により原告は、税務署員から配当所得に係る源泉所得税を納付しなければならない旨の説明を受けて納付しましたが、平成 16 年 12 月 9 日に相続が発生した後、平成 18 年 8 月と平成 19 年 7 月に原告が当時の相続人から自己株を取得し、対価として交付した金銭の額については、原告は平成 18 年 5 月 1 日以降会社法整備法第 2 条第 1 項にて会社法の規定による株式会社として存続しているものであるから、租税特別措置法第 9 条の 7 の適用があるとして、納付した源泉所得税の還付を求めました。

　これに対して裁判所は、相続開始時点の平成 16 年 12 月 9 日には有限会社であって株式会社でないことから、本件の自己株式売買には租税特別措置法第 9 条の 7 第 1 項は適用されないと判示しました。本事案では租税特別措置法第 9 条の 7 第 1 項「みなし配当課税の特例」の適用はなく、納付したみなし配当に係る源泉所得税は還付されなかったわけです。

　このように、税務申告においてみなし規定が問題となるのは、本事案の

ような自己株式売買をめぐる処理方法について、その解釈に相違が生じるような場合です。特にオーナー経営者の相続に係る税務対策などのケースでは、留意しておきたいポイントです。

参考判例等

▶**東京地裁平成22年3月30日判決（TAINSコードZ206−11412）**

概要

　判示事項

「1　本件は、会社法施行により特例有限会社として存続している原告が、株主乙及び丙がそれぞれ相続により取得した出資持分を、自己の株式として取得するに当たり対価を交付したことに関して、日本橋税務署職員から、上記対価が原告の資本金等の額のうち交付の基因となった株式に対応する部分の金額を超えるため、その超える部分の金額に係る金銭が、所得税法25条1項により同法24条1項に規定する剰余金の配当等とみなされる一方、租税特別措置法9条の7に規定する特例（相続財産に係る株式をその発行した非上場会社に譲渡した場合のみなし配当課税の特例）の適用はないとして、その配当等とみなされる部分について所得税を徴収して国に納付しなければならない旨の説明を受けたことから、配当所得に係る源泉徴収による所得税として合計1192万8000円を納付した。しかし、原告は本件自己株式売買には本件特例の適用があると主張し、各納付に係る金員につき、原告には源泉徴収義務がなく、法律上の原因を欠く納付であったとして、被告に対し、国税通則法56条及び58条1項に基づき還付及び還付加算金の支払を求めている事案である。

　2　租税法規の解釈基準について（省略）

　3　措置法9条の7第1項は『相続税額に係る課税価格の計算の基礎に算入された上場会社等以外の株式会社の発行した株式をその発行した当該非上場会社に譲渡した場合』であることを同項の適用要件と明記しているところ、その文理からは、『譲渡した』株式が『相続税額に係る課税価格の

計算の基礎に算入された』時点において、『株式会社の発行した株式』として存在したことを所与の要件としていることは明らかである。

4　相続人が被相続人の財産を取得するのは相続開始時（被相続人の死亡時）である（民法882条、896条本文）ことも併せかんがみると、相続により取得した財産が『相続税額に係る課税価格の計算の基礎に算入され』る時期は、相続開始時であることは明らかであると解される。

5　これを本件についてみるに、亡乙及び丙は、非上場会社である原告の株式を原告に譲渡したものの、本件相続の開始した平成16年12月9日当時、原告は、有限会社であって、譲渡された株式も、いまだ原告の出資持分にすぎず、原告の発行した株式ではなかったため、譲渡の対象となった株式が、その取得の基因となった相続の開始の時点において、当該非上場会社の発行した株式として存在し、当該株式として『相続税額に係る課税価格の計算の基礎に算入され』たとはいえないから、本件自己株式売買につき措置法9条の7第1項は適用されないというべきである。

6　実質的な利益衡量の視点から、会社法整備法の施行日の後に相続が開始した事例に関しては、本件特例が適用される一方で、同法の施行日前に相続が開始した事例に関しては、たとえ同法の施行後に自己株式取得がされたとしても、本件特例が適用されないというのは不均衡であるとする原告の主張は、措置法の規定の文理に反してその定めの及ばない場合にまで本件特例の適用範囲を拡大すべき旨を主張するものであって、解釈論の範疇を超えて立法論の領域に属するものといわざるを得ず、前記2で説示した租税法規の解釈の在り方に照らし、措置法の規定の解釈論として所論を採用することはできない。」

ケース 3 ▶ みなし配当－持分払戻金

Q6　当方は中小企業等協同組合法に基づく事業協同組合法人です。

　今般、構成組合員が死亡したことから、定款に基づき、持分払戻しを行います。定款では、原則として組合員の脱退に伴い持分の払戻請求権が発生し、脱退後の事業年度末に確定することとなっています。

　総会によって持分払戻金が確定しましたので相続人に払戻金を支払う予定ですが、脱退組合員の当初の出資金 100 万円と組合の利益剰余金のうち持分比率で案分した 300 万円合計 400 万円を支払う予定です。その場合、当初の出資金 100 万円を超える 300 万円についてはみなし配当の適用を受けて源泉所得税を納めなければならないと聞きましたが、いかがでしょうか。

　相続人からは、相続財産として申告する予定であるから源泉所得税を課さないでほしいとの申出があり、どうしたものか教えてください。

A　貴組合の定款では、原則として構成組合員の死亡による脱退の場合、持分の払戻請求権が発生し、脱退後の事業年度末に確定することとされており、また、中小企業等協同組合法第 20 条第 1 項によれば、組合員は、同法第 19 条の法定脱退である死亡による脱退の場合は「定款の定めるところにより、その持分の全部又は一部の払戻を請求することができる。」とされ、また同条第 2 項では、「前項の持分は、脱退した事業年度の終における組合財産によって定める」と規定されていますので、これらの規定から、この脱退に伴う持分払戻金は死亡した組合員にいったん帰属するものと考えられます。

　この結果、本件の持分払戻金のうち出資金 100 万円を超える 300

万円は所得税法第 25 条第 1 項第五号により剰余金の配当等とみなされますから、貴組合は支払いの際に 300 万円に係る源泉所得税として 20.42％分を源泉徴収する必要があります。

　相続税の申告に当たっては、被相続人のいわゆる準確定申告において当該みなし配当額及び源泉所得税を織り込んで計算した結果納付する所得税額等があれば、相続財産から債務控除ができます。

解 説

（1）中小企業等協同組合法の規定

　本問は、所得税法のみなし規定に関するものであり、法人税法上のみなし規定に関するものではありませんが、にも関わらず本書で取り上げたのは、みなし配当に係る所得税法第 25 条（配当等とみなす金額）第 1 項第五号（当該法人の自己の株式又は出資の取得）の規定と、法人税法第 24 条（配当等とみなす金額）第 1 項第五号（自己の株式又は出資の取得）の規定とは内容が同一であることから、法人税法上のみなし規定をめぐる類似の案件と捉えたためです。構成員が個人であるため適用法令は所得税となっていますが、構成員が法人で法人組合員の脱退に伴う払戻金であれば法人税法第 24 条第 1 項第五号が適用法令になっていたと思われます。したがって、みなし配当をめぐる争いの例としては妥当な案件でしょう。

　事業協同組合の組合員資格については、中小企業等協同組合法第 8 条（組合員の資格等）第 1 項において「事業協同組合の組合員たる資格を有する者は、組合の地区内において商業、工業、鉱業、運送業、サービス業その他の事業を行う前条第 1 項若しくは第 2 項に規定する小規模の事業者又は事業協同小組合で定款で定めるものとする。」と規定され、法令上組合員は個人に限定されていません。いわゆる独禁法の適用除外を定めた同法第 7 条第 1 項の事業者には明らかに法人が含まれています。

　後段において取り上げた判決では、みなし配当該当性そのものは直接的な争点になっているように見えませんが、これは原告が払戻金は相続財産に当たり所得税の対象とはならないと主張したためですが、死亡した組合員の所得（筆者注：みなし配当としての配当所得）となるかどうかを争点としており、みなし配当該当性が争点となっていると見ることができます。判決は、原告の主張を否定した上で、みなし配当を認定しています。

　繰り返しになりますが、原告は、払戻金は相続財産である旨主張することによって、みなし配当該当性を否定したといえます。もっとも、法人組合員の脱退に伴う払戻金の扱いであれば相続財産である旨の主張はあり得ません。

（2）判決で示されたみなし配当の要件

　本問の参考とした判決は次の判決です。

　平成20年7月15日付東京地裁判決（原告控訴・平成20年11月27日付東京高裁判決・棄却確定）。

　本判決の概要：中小企業等協同組合法に基づく事業協同組合法人である原告が、（課税庁から）組合員の死亡脱退に係る脱退組合員持分払戻金のうち組合員の出資金を超える部分が所得税法第25条の定めるみなし配当に当たるとして、配当所得に係る源泉所得税の納税告知処分及び不納付加算税の賦課決定処分を受けたことから、払戻金は組合員の死亡後確定するものであって組合員に帰属するものではないから（相続財産に当たるから）、組合員の所得に係る所得税の課税の対象とならないなどとして、それらの取消しを求めた事案です。

　本判決の判示事項要点は以下のとおりで、相続財産である旨の原告主張を否定する内容となっており、言い換えれば、争点であるみなし配当該当性を肯定する論拠とみることもできます。

　1．中小企業等協同組合法に基づく事業協同組合の組合員が死亡した場

　合の取扱い

2．脱退組合員の持分の定め

3．組合員の持分の意義

4．脱退組合員に対する持分払戻額を制限する範囲

5．死亡により当該組合員の持分の払戻請求権が発生し、これを死亡した組合員が取得すること。

6．持分払戻請求権は死亡によっていったん死亡した組合員に帰属すること。

7．相続人の地位の承継は中小企業等協同組合法第19条第1項第二号の規定により組合員の死亡によっていったん脱退の効果が生じることを前提とした上で、被相続人たる組合員の死亡後に加入の申出をした場合、遡ってその相続人が相続開始の時に組合員となったと「みなす」にすぎないものであること。

8．総会決議により持分払戻請求権を全く剥奪したり、限度額を下回るものとすることは許されないと解されるものであること。

9．脱退後の事業年度の末日を基準として定められるものでも、脱退後の事業年度末日における払戻対象額を出資口数に応じて算定した金額の払戻請求権の発生が確定していること。

10．組合員の死亡脱退に伴う持分払戻請求権は、組合員の死亡によって組合員の所得として発生するのであって、組合員が死亡した年の所得として認識されることは明らかであること。

11．出資持分の払戻しは、退職手当金、功労金及びこれらに準ずる給与あるいは賞与、俸給または給与等に直接に該当すると解することはできず、いわば組合員の基本的な権利として位置づけられる性質を有するものであるとされた。

以上の判示事項により、払戻金のうち、出資の額を超える部分の金額を

「みなし配当」と認定しています。

第 3 章

課税標準

ケース1▶デリバティブ取引①−外貨建取引の換算

Q 7　当社は総合商社です。

　今般コロナ禍とウクライナ戦争の影響で大豆が将来的に国内で不足が予想されましたので、一時的な在庫覚悟でアメリカの業者から大量に購入し、代金1億ドル（購入日現在の為替レート1米ドル/120円）を本年11月に支払うことになりました。

　しかし、年初来外国為替、特に米ドルの円安傾向が続き、決済時点での不測の為替差損を回避するため外国為替の先物契約でリスクヘッジしようと考えて、6月末の購入と同時に先物契約を締結して1億ドルを1米ドル/125円11月限月で契約締結しました。

　この場合、当社の9月決算時にどのような税務処理が必要でしょうか。

A　貴社は仕入代金・買掛金として11月に支払う予定の120億円（1億米ドル）を計上している前提で考えます。

　買掛金の決済期日に合わせて先物外国為替契約を締結していますが、この契約はデリバティブ取引に該当するものの（法規27の7①六）、この契約により外貨建買掛金の円換算額を確定させていると想定され

ることから未決済デリバティブ取引には該当しないと思われますので（法法61の5①、法法61の8②、法規27の11）、事業年度終了の時において決済したものとみなして算出した利益の額または損失の額に相当する金額を益金の額または損金の額に算入する必要はありません。

　しかし、先物外国為替契約により外貨建資産等の金額を確定させた場合には、契約による円換算額125億円と取引時の円換算額120億円との差額5億円を損金の額に算入します。この場合、期間按分により算入するのが原則ですが（法法61の10①）、11月の決済ですから短期外貨建資産等に該当し、当期末に一括して損金の額に計上することができます（法法61の10③）。

解 説

（1）法人税法第61条の5のみなし規定

　みなし規定との関連について、法人税法第61条の5（デリバティブ取引に係る利益相当額又は損失相当額の益金又は損金算入等）において、期末に未決済デリバティブ取引があるときは、決済したものとみなすと規定されています。本問の場合、このみなす規定の適用があるかどうかは、未決済デリバティブ取引に該当するかどうかが論点となりますので、この意味でみなし規定をめぐる問題として取り上げました。

　本問における仕入代金は、外貨（米ドル）による支払いとなりますから外貨建取引となり、その円換算に当たっては取引日の為替レートにより換算するのが原則となります（法法61の8①、法法61の9①イ、法基通13の2－1－2）。そこで、本問では仕入日に次の仕訳により買掛金を計上したと想定します。

　借方：仕入　120億円／貸方：買掛金　120億円

　　　仕入代金1億米ドル

　　仕入当日の為替レート　1米ドル/120円

（円換算に使用する為替レートは種々許容されていますが単純化しています）

※仕入れと同日に為替予約をしていますので、法人税基本通達13の2－4
　（先物外国為替契約等がある場合の収益、費用の換算）により予約レート
　で換算する方法も可能ですが、本通達による方法は選択しなかった想定
　です。

　次に、本問の先物外国為替契約が税務上のデリバティブ取引で期末に未
決済である場合には、期末に決済したとみなして損益を計上する必要があ
りますので、デリバティブ取引に当たるかどうか、また、未決済デリバティ
ブ取引に当たるかどうか検討します。

　デリバティブ取引とは、「金利、通貨の価格、商品の価格その他の指標
の数値としてあらかじめ当事者間で約定された数値と将来の一定の時期に
おける現実の当該指標の数値との差に基づいて算出される金銭の授受を約
する取引又はこれに類似する取引であつて、財務省令で定めるものをいう」
（法法61の5①）と定義されています。

　これを受けて、法人税法施行規則第27条の7は第1項において、金融
商品取引法第2条第20項（定義）に規定するデリバティブ取引他6取引
を掲げていますが、このうち、同項第六号は「外国通貨をもつて表示され
る支払手段（外国為替及び外国貿易法（昭和24年法律第228号）第6条第1
項第七号（定義）に規定する支払手段をいう。）又は外貨債権（外国通貨をも
つて支払を受けることができる債権をいう。）の売買契約に基づく債権の発
生、変更又は消滅に係る取引をその売買契約の締結の日後の一定の時期に
一定の外国為替の売買相場により実行する取引（第3項第二号において『先
物外国為替取引』という。）」を規定しています。本問の先物外国為替契約
は「外国通貨をもつて表示される支払手段の売買契約」ですからデリバティ
ブ取引に該当します。

　しかし、本件先物外国為替契約は買掛金（外貨建負債）の円換算額を確定させるものですから（法法61の8②及び法規27の11の要件は充しているものとします）、期末に決済したとみなして利益の額または損失の額に相当する金額を益金の額または損失の額に算入すべき「未決済デリバティブ取引」には当たりません（法法61の5①）。よって、本問の先物外国為替契約を期末に決済したとみなしてその損益を計上することはありません。

　次に、買掛金（外貨建負債）の期末における換算については、11月が支払期限であることから短期外貨建債務に該当し、期末時換算法により換算することになりますが、先物外国為替契約が付されていますので、為替レートは期末のレートではなく為替契約のレート1米ドル/125円により換算することになります。

　外貨建債務を期末時換算法を適用しているとしていることを前提とすれば1億ドルの買掛金は、9月末の為替レートを1米ドル/130円とすると130億円になり、為替差損が10億円算出されますが、6月末に先物外国為替契約を締結していることから、法人税法第61条の8第2項により125億円が期末の換算額になります。

　よって、9月期の決算では

　　　借方：為替差損　5億円　／　貸方：買掛金　5億円

の仕訳を行うことになります。本来この円換算額と取引時円換算額との為替予約差額5億円は期間按分して計上するのが原則ですが、買掛金が短期外貨建資産等に該当しますので、法人税法第61条の10第3項により当期の一時の損金に計上できます。ただし、この第3項の規定を適用するには、当期の確定申告期限までにその旨を記載した書面を納税地の所轄税務署長に届け出る必要があります（法令122の10②）。

(2) 参考：裁決事例ー平成19年1月29日裁決（東裁（法）平18-162）

　本問と異なり、円換算額を確定させる先物外国為替契約に該当しないと

された例です。

　事案の概要：納税者が契約したスワップ取引は、毎月「円とユーロ」交換を行う取引で、元本交換のない固定金利同士の通貨スワップ取引です。

　そして本取引は、法人税法第61条の5第1項に規定するデリバティブ取引であると認定され、未決済デリバティブ取引から除外される同法第61条の8第2項に規定する先物外国為替契約には該当しないから、みなし決済金額を計上すべきと判断されました。

　本件のスワップ契約が先物外国為替契約に該当しないとされた主要な根拠は以下のとおりです。

　　1．資産もしくは負債の決済によって受け取り、もしくは支払う外国通貨の金額の円換算額を確定させる契約または法人税法施行規則第27条の7第1項第一号に掲げる取引に係る契約のうち、その取引の当事者が元本及び利息として定めた外国通貨の金額について、その当事者間で取り決めた外国相場に基づき金銭の支払いを相互に約する取引に係る契約でないこと。

　　2．法人税法施行規則第27条の7第2項に規定する事項を帳簿書類に記載していないこと。

参考判例等

▶平成19年1月29日裁決（TAINS F0−2−334）

「〔裁決の要旨〕

1　　本件は、輸入した産業用包装機械を国内において販売する業を営む請求人が銀行と行ったスワップ取引について、原処分庁が、当該スワップ取引のうち事業年度終了の時において決済されていないものは、そのみなし決済金額を益金の額又は損金の額に算入するデリバティブ取引に該当するとして、法人税の更正処分等を行ったのに対し、請求人が、これらの処分は違法であるとして、その全部の取消しを求めた事案である。

2　本件各スワップ取引は、毎月 5 日に合計■■■■■について、円と■■■の交換を行う取引であり、元本交換のない固定金利同士の通貨スワップ取引であると認められる。そうすると、本件各スワップ取引は、施行規則 27 条の 7 第 1 項七号に規定するスワップ取引に該当することから、法人税法 61 条の 5 第 1 項に規定するデリバティブ取引であると認められる。したがって、各スワップ取引のうち各事業年度末において未決済となっているみなし決済金額を、益金の額又は損金の額に算入しなければならない。

3　本件のヘッジ対象取引であるユーロ建取引については、各取引発生時から 1 年以内に決済が行われているため、ユーロ建の買掛金は施行令 122 条の 4 第一号に規定する短期外貨建債務に該当し、また、請求人は当該買掛金の金額の円換算方法の選定に関する届出を提出していないから、その円換算方法は、期末時換算法となる。そうすると、ヘッジ対象資産である買掛金については、期末において円換算され、その含み損益は計上されることになり、ヘッジ手段である本件各スワップ取引についての時価評価損益を繰り延べる必要はないことになる。さらに、法定事項の帳簿書類への記載はない。したがって、本件みなし決済金額を本件各事業年度の各期末において計上することになる。

4　法基通 2 - 3 - 39 は、銀行、証券会社、情報ベンダー等が当該デリバティブ取引の見積将来キャッシュ・フローを現在価値に割り引くなどの方法に基づき算定した価額をもってみなし決済金額としている場合には、これを認める旨を定めており、このように算定された価額をもってみなし決済金額としている場合には、これを認める旨を定めており、このように算定された価額は合理的なものといえることから、同通達は、当審判所においても合理性があると認められる。そして、本件時価評価額は、■■■■■が基準日以降最終期限までに受払いが予定され利息金額を現在価値に引き直していることから、本件時価評価額は、みなし決済金額として合理的であると認められる。

5　請求人は、本件各スワップ取引が法人税法 61 条の 5 第 1 項の規定の適用が除外される先物外国為替契約等に該当する旨主張する。しかしながら、

本件各スワップ契約は、元本について相互の支払がされないのであるから、先物外国為替契約等であるための要件として施行規則 27 条の 11 第 1 項に規定する、取引当事者が元本及び利息として定めた外国通貨の金額について金銭の支払を相互に約する取引に係る契約には該当しない。さらに、先物外国為替契約等であるための他の要件である同規則同条第 2 項に規定する法定事項の帳簿書類への記載もない。したがって、本件各スワップ取引は、先物外国為替契約等に該当しないというべきであるから、請求人の主張には理由がない。

6　本件各スワップ取引は、法人税法 61 条の 5 第 1 項に規定するデリバティブ取引であり、本件各事業年度末におけるみなし決済金額を益金の額に算入しなければならない。

　さらに、本件みなし決済金額に係る評価は正当であると認められるため、本件各更正処分はいずれも適法である。

7　請求人は、平成 16 年 6 月期及び平成 16 年 12 月期の法人税の更正処分等についても全部の取消しを求めているが、当該更正処分等は、納付すべき税額を増加させる更正処分等でないことは明らかであるから、請求人の権利又は利益を侵害するものとはいえず、その取消しを求める利益を欠く、不適法なものである。」

ケース2 ▶ デリバティブ取引②－有効性判定

Q8　当社は原油精製会社です。5月に原油100万バレルの売買契約を締結し、10月末引渡し、価格は1バレル当たり10月末の市場価格で購入することになりました。5月の原油の市場価格は1バレル87ドルでした。

　現況、コロナ禍やウクライナ戦争の影響で、原油が将来世界的に供給不足になることが予想されますので、原油先物取引により仕入価格の上昇リスクに備えることとし、購入契約と同時に1バレル当たり89ドル、100万バレルを10月限月で買建てしました。9月末、同原油の市場価格は1バレル92ドルでしたが、9月決算に当たり、このヘッジについて繰延ヘッジが認められますか。帳簿書類記載については所要の要件に沿って記載しました。本先物契約については期末時価ベースで300万ドルの利益が見込まれています。

A　貴社は10月末引渡しで100万バレルの原油を購入する契約を締結し、価格上昇リスクに備えて売買契約と同時に原油先物取引（買建て）を手当てしました。このデリバティブ取引については繰延ヘッジ処理としての帳簿書類記載要件は充足していても、ヘッジとしての有効性判定割合が所定の範囲内にありませんので、本原油先物取引・未決済デリバティブ取引に係るみなし決済利益300万ドルについては繰延ヘッジ処理が認められず、この利益は益金に算入する必要があると考えられます。

　繰延ヘッジ処理として認められるためには所要の記載要件を充足するほか、ヘッジの有効性割合がおおむね100分の80から100分の125までであることが必要です。

なお、本問においては価格変動リスクへの対処を主題とした関係から、為替変動リスクへの対処は捨象しています。

解 説

（1）有効性の判定

本事案のように、流動する経済環境においては先物取引を活用して先々のリスクをヘッジするといった手法が採られることがあります。その際の想定される損失額を減少させるために行ったヘッジについて、繰延ヘッジ処理を検討することになりますが、以下に解説するように、法人税法における同処理の適用を受けるにはいくつか留意すべき事項があります。

では、本事案について、それら諸点について具体的に見てみましょう。

➡ 法人税法第61条の 6 第 1 項第一号では

繰延ヘッジ処理を定めた法人税法第 61 条の 6 第 1 項では、ヘッジ対象資産等損失額を減少させるためにデリバティブ取引等を行った場合の本項の適用条件として、①当該ヘッジ対象資産等損失額を減少させるために行ったものである旨その他財務省令で定めるところにより帳簿書類に記載した場合、及び、②当該デリバティブ取引等が当該ヘッジ対象資産等損失額を減少させるために有効であると認められる場合の二つの適用条件が規定されています。これらの条件を満たさない場合は、法人税法第 61 条の5（デリバティブ取引に係る利益相当額又は損失相当額の益金又は損金算入等）が適用されますが、同条では、当該デリバティブ取引のうち事業年度終了の時において未決済デリバティブ取引があるときは、その時において当該未決済デリバティブ取引を決済したものとみなして当該事業年度の所得金額の計算上、益金の額または損金の額に算入するとされています。本問の争点となる繰延ヘッジ処理の適用に関し、法人税法第 61 条の 6 の適用がない場合は、上記のとおり、同法第 61 条の 5 により、いわゆるみなし決

済損益額が益金の額または損金の額に算入されますので、みなし規定をめ
ぐる問題として取り上げました。

　本問で購入する原油は、いわゆる短期売買商品等（法法61①、法令118
の4）には該当しないものとし、また、本問は価格変動リスクへの対処を
主題とし、為替リスクへの対処については割愛します。

　繰延ヘッジ処理とは、未決済デリバティブ取引に係る「みなし決済損益」
は、原則、益金の額または損金の額に算入されるところ（法法61の5等）、
所定の要件、すなわち、帳簿書類への所定の記載及び有効性判定割合が一
定の範囲内にある場合は、益金または損金の額に算入しないというもので
す（法法61の6、法令121、法令121の2、法令121の3）。

　本問においては、帳簿書類記載要件は充足しているとの設定にしました
ので説明は省略しますが、後述する判決で争点になっていますので、詳細
はそちらを参照いただくこととして、以下、有効性要件について説明しま
す。また、末尾に帳簿書類記載要件について若干補足しましたので、こち
らも参照願います。

　まず、ヘッジ対象資産等損失額については、法人税法第61条の6第1
項の第一号、第二号に規定されています。

▶第一号：資産又は負債の価格の変動に伴って生じるおそれのある損失

　　本問における原油の購入契約は10月受渡し（先渡取引）ですから、9
　月期末においては負債（買掛金）は計上されておらず、本号に該当する
　損失はありません。

▶第二号：資産の取得若しくは譲渡、負債の発生若しくは消滅、金利の受
　取若しくは支払その他これらに準ずるものに係る決済により受け取るこ
　ととなり、又は支払うこととなる金銭の額の変動に伴つて生ずるおそれ
　のある損失

　　本問の場合、原油引渡しによって10月に発生する買掛金が上記第二
　号の負債に該当し、その買掛金に係る決済により支払うこととなる金銭

の額の変動に伴って生ずるおそれのある損失が「ヘッジ対象資産等損失
額」となります。

　ここで、「ヘッジ対象資産等損失額」を減少させるためにデリバティブ
取引等を行った場合、当該デリバティブ取引等が当該ヘッジ対象資産等損
失額を減少させるために有効であると認められる場合は、法人税法第 61
条の 5 第 1 項に規定するみなし決済損益等は益金の額または損金の額に算
入しないとされており、有効性の判定について以下の政令に規定がありま
す。

　法人税法施行令第 121 条（繰延ヘッジ処理におけるヘッジの有効性判定等）
　同上第 121 条の 2 （繰延ヘッジ処理に係るヘッジが有効であると認められる
　　場合）
　同上第 121 条の 3 （デリバティブ取引等に係る利益額又は損失額のうちヘッ
　　ジとして有効である部分の金額等）

　法人税法施行令第 121 条第 1 項には、有効性判定の方法が規定されてい
ます。要点は何と何を比較するかです。期末時と決済時について規定され
ていますが、本問では期末時の問題となります。

▶第一号：デリバティブ取引等に係る利益額又は損失額（いわゆる「みな
　し決済損益額」）とヘッジ対象資産等評価差額。

　　この場合のヘッジ対象資産等は先に触れた法人税法第 61 条の 6 第 1
　項第一号の資産等ですから、本問の場合該当しません。

▶第二号：みなし決済損益額とヘッジ対象金銭受払差額。

　　本問の場合、こちらの金額の比較となります。

　法人税法施行令第 121 条の 2 には、ヘッジが有効であると認められる場
合が規定されています。要点は、有効性割合が、おおむね 100 分の 80 か
ら 100 分の 125 までとなっていることです。

　第一号は、ヘッジ対象資産等損失額を減少させるためにそのデリバティ
ブ取引等を行った場合で、本問に関係しませんので割愛します。

　第二号が、法人税法第 61 条の 6 第 1 項第二号に規定する金銭に係るヘッジ対象資産等損失額を減少させるためにそのデリバティブ取引等を行った場合の割合算出方法を規定したもので、本問においては、この第二号の方法で割合を算出します。イ〜ニまで 4 つのケースが規定されていますが、本問はこのうちハに該当しますので、このハの割合を算出することになります。

　ハ　決済により支払うこととなる当該金銭の期末・決済時金額が取引時
　　　金額を超える場合
　　　　⇒当該デリバティブ取引等に係る法人税法第 61 条の 6 第 1 項に規
　　　　　定する利益額をその超える部分の金額で除して計算した割合

具体的に計算してみましょう。

①　決済により支払うこととなる当該金銭の期末時金額

　92 ドル /1 バレル × 100 万バレル = 9,200 万ドル

②　決済により支払うこととなる当該金銭の取引時金額

　※「取引時金額」とは、デリバティブ取引等を行った時において算出した
　　額をいいます。

　87 ドル /1 バレル × 100 万バレル = 8,700 万ドル

③　超える部分の金額　① 9,200 万ドル − ② 8,700 万ドル = 500 万ドル

④　当該デリバティブ取引等に係る法人税法第 61 条の 6 第 1 項に規定
　する利益額

　原油先物取引（買建て）に係るみなし決済損益

　　3 ドル（期末時価 92 ドル − 先物約定価格 89 ドル）× 100 万バレル

　　= 300 万ドル

⑤　割合　④ 300 万ドル ÷ ③ 500 万ドル = 0.6（60%）

以上の計算例のとおり、有効性割合は 60% で 80% から 125% までの間にありませんので法人税法第 61 条の 6 第 1 項に規定（繰延ヘッジ）の適用はなく、原油先物取引に係るみなし利益 300 万ドルは法人税法第 61 条の

5 第 1 項により当期の益金に算入する必要があります。

（2）参考判決：繰延ヘッジ処理が認められなかった要因（帳簿書類記載要件）

　上記で触れましたが、繰延ヘッジの適用をめぐって帳簿書類記載要件を争点として争った判決がありますので、帳簿書類記載要件の参考として紹介します。いずれも同じ事案で、最高裁判断は棄却不受理のため、高裁判決が確定しています。

　　平成 22 年 12 月 14 日判決・東京地裁・平成 21 年（行ウ）第 362 号

　　平成 24 年 5 月 9 日判決・東京高裁・平成 23 年（行コ）第 20 号

　　平成 25 年 8 月 28 日判決・最高裁・平成 24 年（行ツ）第 294 号

　この判決では地裁及び高裁とも、原告納税者は帳簿書類記載要件を充たしていないとして繰延ヘッジを認めませんでした。以下、帳簿書類記載要件に関する確定した高裁判決の要旨です。

　「法人税法 61 条の 6 第 1 項がデリバティブ取引等が当該ヘッジ対象資産等損失額を減少させるために行ったものである旨等を帳簿書類に記載し、当該デリバティブ取引等が上記ため（ママ）に有効であると認められる場合に限って繰延ヘッジ処理を認めることとし、その具体的な記載事項及び有効性判定の手法を施行規則 27 条の 8、施行令 121 条の 2、121 条 1 項及び 2 項で明定している以上、帳簿書類記載要件に該当する事項が疑義のないような文言・体裁で帳簿書類上に明示されるべきことは当然であり、適正意見の付された監査証明を得ているとはいっても、その過程で帳簿書類記載要件につき、いかなる基準によって、どの程度精査されたのかが明らかでないのであるから、その結果のみをもって、帳簿書類記載要件が具備されたものと判定することはできない。」（第 3　当裁判所の判断(2)(オ)・第 2 段落）

　「本件各スワップ取引が金銭の特定事由ヘッジの場合であるにもかかわらず、本件部長決裁書等の記載は、繰延ヘッジ処理を行うための要件であ

る法人税法 61 条の 6 第 1 項の『当該デリバティブ取引等が当該ヘッジ対象資産等損失額を減少させるために有効であると認められる場合として政令で定める場合』に該当するか否かについて一定の判断ができないものとなっており、ひいては、施行令 121 条 2 項の要求する記載事項である『特定事由によるその金銭の額の変動に伴って生ずるおそれのある損失の額のみを減少させる目的でそのデリバティブ取引等を行った旨』及び『そのデリバティブ取引等によって減少させようとする損失の基因となる特定事由』について、疑義のないような文言・体裁で明示されているといい難いのであって、これをもって施行規則 27 条の 8 第 4 項所定の記載があったとみることはできないというほかない。」（第 3　当裁判所の判断(2)(オ)・第 3 段落後半)

　「以上からすれば、本件各スワップ取引については、帳簿書類記載要件を満たしているとはいえない。」（第 3　当裁判所の判断(2)(カ)）

※有効性判定については、地裁判決における争点(5)「（本件各スワップ取引の客観的有効性の有無）について」において被告である国が算出方法等を主張しましたが、この争点に入る前の帳簿書類記載要件に関する争点において、原告納税者は帳簿書類記載要件を充足していない、よって、繰延ヘッジは適用されない、との判断が下され、地裁は有効性判定について審理していません。高裁においても当事者は有効性判定に言及していますが、高裁は何ら判断していません。

　なお、帳簿書類記載要件については、法人税法第 61 条の 6 第 1 項において「当該デリバティブ取引等が当該ヘッジ対象資産等損失額を減少させるために行つたものである旨その他財務省令で定める事項を財務省令で定めるところにより帳簿書類に記載した場合に限る。」と規定されているところ、具体的には、法人税法施行規則第 27 条の 8 第 1 項において、次の事項を「ヘッジ対象等の明細」として定めています。

　・デリバティブ取引等によりヘッジ対象資産損失額を減少させようとす

　　る資産又は負債及び金銭並びに負債

　・デリバティブ取引等の種類、名称、金額

　・ヘッジ対象資産等損失額を減少させようとする期間

　・その他参考となるべき事項

　この他、法人税法施行規則同条第2項以下において、細かく記載について定めがあります。

　また、本問においては、有効性割合の計算方法を端的に示すために帳簿書類記載要件についてはクリアしているとの設定にしましたが、実務、特に税務調査にあっては厳格にその要件該当性が検証されると聞いています。帳簿書類記載要件は、いわば繰延ヘッジ処理が適用されるかどうかの入口に当たりますので、念には念を入れて不備のないよう心掛けたいものです。

ケース3 ▶ デリバティブ取引③－外貨建有価証券

Q9　当社は外国法人の子会社である日本法人です。当社が保有する売買目的外外貨建有価証券（親会社発行社債）について外国為替の売買相場が著しく変動しましたので、事業年度終了の時の外国為替の売買相場により円換算した金額と、その時の帳簿価額との差額350億円を損金に算入する予定です。当社はこの外貨建社債（米ドル建て）17億米ドル（取得時レート130円／米ドル）について、ヘッジ対象資産等として通貨オプション取引でヘッジしていました。

　聞くところによると、外貨建社債について、その外国為替の変動に伴って生じる恐れのある損失の額を減少させるためにデリバティブ取引等を行っていた場合は、外国為替の売買相場の著しい変動があっても、期末おいて帳簿価額と期末時換算額との差額は損金にされないと聞き及んでいますが、当社の場合350億円の損金処理は税務上否認されないでしょうか。

　なお外国為替の変動割合は、期末において18％を超えていました。米ドルの下落を想定して17億米ドルプット・2,210億円（130円／米ドル）コールオプション買建取引をしていました。ヘッジ処理における特別な有効性判定方法も既に税務署へ届出済みで、この方法による有効性判定は100分の100となります。

　また当社は、外貨建有価証券に係る事業年度終了の時における換算の方法を選定していません。

A　本問においては、発生時換算法対象の外貨建有価証券について、ヘッジが有効である場合の法人税法施行令第122条の3（外国為替の売買相場が著しく変動した場合の外貨建資産等の期末時換

算）の適用の有無に焦点を当てることとし前提条件を簡略化して説明します。このため、本問通貨オプションは法人税法第 61 条の 8 第 2 項に規定する先物外国為替等に該当するものとします。

　350 億円は外貨建有価証券に係る期末時換算差損とのことですが、当該外貨建社債は、法人税法第 61 条の 8 第 2 項に規定する先物外国為替契約等（本オプション取引）により、有効な繰延ヘッジの対象となっていますので、法人税法施行令第 122 条の 2 第 1 項第二号により、同令第 122 条の 3（外国為替の売買相場が著しく変動した場合の外貨建資産等の期末時換算）に規定する「外貨建資産等」から除かれ、同令による期末時換算は行うことができません。また、期末時換算額は先物外国為替契約等（本件オプション取引）により確定させた円換算額となります（法令 122 ①（先物外国為替契約により発生時の外国通貨の円換算額を確定させた外貨建資産・負債の換算等））。よって期末時換算差損は算出されませんので、350 億円の損金計上はできません。

解　説

（1）期末外国為替差損の処理

　デリバティブ取引（オプション取引）については、原則として期末におけるみなし決済損益を計上することとされており（法法 61 の 5 ①）、本問はこの規定に関係しますので、みなし規定をめぐる問題として取り上げました。

　外貨建社債（外貨建有価証券）の期末外国為替差損の処理については、外国為替の売買相場が著しく変動した場合の外貨建資産等の金額の円換算額への換算等に関して、法人税法第 61 条の 9 第 4 項は、必要な事項は政令で定めるとしています。委任を受けて法人税法施行令第 122 条の 3 では「当該事業年度においてその外貨建資産等に係る外国為替の売買相場が著

しく変動した場合には、その外貨建資産等と通貨の種類を同じくする外貨建資産等のうち外国為替の売買相場が著しく変動したものすべてにつきこれらの取得又は発生の基因となった外貨建取引を当該事業年度終了の時において行ったものとみなして、法第61条の8第1項（外貨建取引の換算）及び第61条の9第1項（外貨建資産等の期末換算）の規定を適用することができる。」と規定されていることから、外国為替相場が著しく変動した場合には、期末時換算法を適用することができ、その結果生ずる換算差損を損金の額に計上できます。

　この場合の外国為替相場の著しい変動とはおおむね15％に相当する割合以上とされています（法基通13の2－2－10（為替相場の著しい変動があった場合の外貨建資産等の換算））。

　ところで、法人税法施行令第122条の2（外貨建資産等の評価換えをした場合のみなし取得による換算）において、外貨建資産等の意義について、「次に掲げる資産又は負債を除く。以下この条及び次条において『外貨建資産等』という。」と規定していますから、次条に当たる法人税法施行令第122条の3（外国為替の売買相場が著しく変動した場合の外貨建資産等の期末時換算）の「外貨建資産等」も法人税法施行令第122条の2の定めるところによることとなるところ、法人税法施行令第122条の2は、その第二号において「法第61条の6第1項第一号（繰延ヘッジ処理による利益額又は損失額の繰延べ）に規定する資産又は負債につき外国為替の売買相場の変動による価額の変動に伴つて生ずるおそれのある損失の額を減少させるため同条第4項に規定するデリバティブ取引等を行つた場合（当該デリバティブ取引等につき同条第1項の規定の適用を受けている場合に限る。）における当該資産又は負債」と規定していますので、法人税法施行令第122条の3の外貨建資産等からは、法人税法第61条の6により有効な繰延ヘッジの対象とした外貨建資産等は除かれ、この外貨建資産等に当たる外貨建有価証券について、外国為替相場が著しく変動した場合の期末時換算は適用さ

れません。

　つまり、外国為替相場が著しく変動した場合の期末時換算が適用できるかどうかは、外貨建有価証券が法人税法第 61 条の 6 に規定する繰延ヘッジの対象になっているかどうかにかかってきます。

　本問設定では、オプション取引によるヘッジの有効性割合を 100％として繰延ヘッジが認められるケースを想定していますので、外国為替相場が著しく変動しても、期末時換算による評価損の損金算入は認められません。

　また、期末時換算法とは、期末時において有する外貨建資産等について、当該期末時における外国為替の売買相場により換算した金額をもって当該外貨建資産等の当該期末時における円換算額とする方法ですが、当該外貨建資産等のうち、その取得または発生の基因となった外貨建取引の金額の円換算額への換算に当たって法人税法第 61 条の 8 第 2 項の規定の適用を受けたものについては、先物外国為替契約等により確定させた円換算額とされています（法法 61 の 9 ①一ロ）。したがって、外貨建資産負債等の円換算額を先物外国為替契約等により確定させた場合には、期末レートにより円換算して換算差損益を算出することはできません。

　この「先物外国為替契約」については、法人税法施行規則第 27 条の 11 に定めがあり、この定めによれば本問設定のオプション契約は「先物外国為替契約」に当たりますので、本問設定においては、ヘッジとして有効なオプション取引により円換算額を確定させたことになりますので、期末レートにより換算して円換算額を算出することはできません。

　なお、デリバティブ取引を行った場合は、事業年度終了の時において決済されていないもの（未決済デリバティブ取引）があるときは、その時（期末）において、当該未決済デリバティブ取引を決済したものとみなして算出した利益の額または損失の額（みなし決済損益額）は、当該事業年度の所得の金額の計算上、益金の額または損金の額に算入することが、原則とされているところです（法法 61 の 5 ①）。

　当該デリバティブ取引等が将来発生する可能性があるヘッジ対象資産等損失額を減少させるために行ったもので、ヘッジ対象資産等損失額を減少させるために有効であると認められる場合は、未決済デリバティブ取引等に係るみなし決済損益額は、法人税法第61条の6第1項（繰延ヘッジ）により、当該事業年度の所得の金額の計算上、益金の額または損金の額に算入しないと規定されています。

　したがって、本問においては有効性ありとの前提となっていますので、オプション取引に係るみなし決済損益を当期の所得金額に算入する必要はありません。

（2）参考判決：繰延ヘッジ処理の有効性

　外貨建有価証券に係る期末外国為替差損の額の損金算入について、通貨オプションの有効性判定が争点となった判決として、平成24年12月7日の東京地裁判決、平成25年10月24日東京高裁判決（確定）があります。

　当判決は平成27年度の税制改正前の判決ですので、ストレートに当該質問に当てはまるものではありませんが、ヘッジ対象とした外貨建有価証券・外貨建社債の期末における外国為替相場の著しい変動に伴う評価損320億円の損金算入と、繰延ヘッジ処理が行われたデリバティブ取引等との関係について参考になりますので、ここに、その内容要旨を紹介します。

　なお、平成27年度の税制改正における本問及び参考判決に関係するものは、改正前、特別な有効性判定の方法として税務署長の承認が必要とされていたオプション取引に係る「変動差額等比較法」につき、届出によりこれを認めることとされた部分です。

　判決の事件当時は「変動差額等比較法」（基礎商品比較法）は原則的判定方法ではなく、特別な方法として届出もなかったにもかかわらず、この方法による判定が税務上も認められるとした処分庁の判断が主な争点となりました。

　本問設定においては、問題点を期末時換算による評価損の計上可否に絞るため、この改正後の届出は提出済みで、所要の要件はクリアしているとの前提で、この方法による有効性割合は 100％としています。

　納税者は外貨建資産等（外貨建有価証券）について、期末において外国為替相場の著しい変動があったとして、320 億円の評価損の計上処理を行いました。

　一方で、納税者は当該外貨建有価証券について、為替変動リスクをヘッジするため、米ドルプット・円コールの買建オプション取引（以下、「本件通貨オプション」と略す）を行っていました。

　平成 27 年度の税制改正前でも、繰延ヘッジ処理が認められる法人税法第 61 条の 6 第 1 項において、ヘッジ対象資産等損失額を減少させるために有効であると認められる場合として政令で定める場合は、第 61 条の 5 第 1 項に規定するみなし決済損益額、第 61 条の 9 第 2 項（外貨建資産等の期末換算差益又は期末換算差損の益金又は損金算入等）に規定する為替換算差額のうち、当該ヘッジ対象資産等損失額を減少させるために有効である部分の金額は、当該事業年度の所得の金額の計算上、益金の額または損金の額に算入しない、とされていました。

　この「有効であると認められる場合」は、法人税法施行令に定めがあり、同令第 121 条にその方法が示されています。しかし、その方法は、デリバティブ取引のみなし決済損益とヘッジ対象資産等評価差額とを比較する方法であり、オプション取引に係るみなし決済損益に代えて「基礎商品変動差額」と「ヘッジ対象資産等評価差額」とを比較する「変動差額等比較法」（基礎商品比較法）は含まれていません。

　しかし、原処分庁は、「変動差額等比較法」（基礎商品比較法）は（当時の）通達や国税庁ホームページに掲載した質疑応答例において、有効性判定の方法として認めており、この方法によれば、有効性があると認められるから、期末時換算法による評価損の計上は認められないとしました。

　しかし、裁判所は、「変動差額等比較法」（基礎商品比較法）は法令により認められた判定方法ではないから、この方法により有効性が認められるとしても、法令上は有効性があるとはいえず、期末時換算法による評価損の計上が認められると判示しました。

　この基礎商品変動差額をヘッジ対象資産等評価差額と比較する方法、つまり、「変動差額等比較法」（基礎商品比較法）は、平成27年度税制改正による法人税法施行令第121条の3の2において、届出により原則法に代わる有効性判定方法として認められることになりました。したがって、参考の事件は、届出をしていれば判断が変わった可能性大ですが、届出をしなければ判断は変わりません。

　上記高裁判決は、控訴人（国）が地裁判決で主張しなかった防御的処分の当否が争点ですので、本件本論の判断として高裁が前提とした地裁判決の主要部分を紹介します。

　「第3　当裁判所の判断」より。

　「施行令121条一項1号は、ヘッジ対象資産に係るヘッジ対象資産等損失額を減少させるためにデリバティブ取引等を行った場合における、当該デリバティブ取引等が当該ヘッジ対象資産等損失額を減少させるために有効であるか否かの判定方法について、『期末時又は決済時におけるそのデリバティブ取引等に係る法61条の6第1項に規定する利益額又は損失額とヘッジ対象資産等評価差額とを比較する方法』とする旨定めている。（…）被告は、基礎商品比較法も、施行令121条1項一号に規定する有効性判定の方法として扱われるべきである旨主張する。」（1(1)）

　「（…）基礎商品比較法にいう『オプションの基礎商品の時価変動額』とは、オプションの想定元本と当該基礎商品の時価変動額とを掛け合わせた金額をいうものであるから、上記①ないし④のいずれにも該当しないことは明らかである。

　よって、基礎商品比較法は、施行令121条1項一号に規定する有効性判

定の方法とはいえない。」（1(2)）

「（…）被告は、基本通達 2 － 3 － 48 及び国税庁のホームページ上の照会に対する回答において、オプション取引の有効性判定の方法として、基礎商品比較法によることを認めているところ、このような取扱いは、デリバティブ取引には多種多様な種類の取引が存在し、その内容も日々進化しており、すべての取引に対応する合理的な判定方法について、子細に政令で定めることは極めて困難であることなどに鑑みれば、合理的な取扱いである旨主張する。

しかし、（…）基礎商品比較法が施行令 121 条 1 項一号に規定する有効性判定の方法として認められるか否かは、専ら同号の解釈により決せられるべきものであって、通達の定めや実際の税務運用上の取扱いにより、その結論が左右されるべきものではない。（…）」（2(3)）

「以上によれば、本件米ドル建社債は、そのヘッジ対象資産等損失額を減少させるために本件通貨オプション取引が行われているものの、本件通貨オプション取引が、本件米ドル建社債のヘッジ対象資産等損失額を減少させるために有効であるとは認められず、法 61 条の 6 第 1 項の規定による繰延ヘッジ処理の適用はないから、本件米ドル建社債は、施行令 122 条の 3 に規定する『外貨建資産等』に当たる。

したがって、本件米ドル建社債については、法 61 条の 9 第 3 項、施行令 122 条の 3 の規定により、その取得等の基因となった外貨建取引を当該事業年度終了の時において行ったものとみなして、法 61 条の 9 第 1 項の規定に基づく事業年度終了の時における外貨建資産等の円換算をすることができるから、同条 2 項の規定に基づき、その外国為替換算差額である本件外国為替換算差損を損金の額に算入することができる。」（4(1)）

なお、法人税法施行令第 122 条の 3（外国為替の売買相場が著しく変動した場合の外貨建資産等の期末時換算）に規定する「外貨建資産等」について判決は、「第 2　事案の概要・1　関係法令等の定め・(5)ウ」において、「施

行令 122 条の 2 は、施行令 122 条の 3 にいう『外貨建資産等』には、当該外貨建資産に係るヘッジ対象資産等損失額を減少させるためにデリバティブ取引等が行われ、当該デリバティブ取引等につき、法 61 条の 6 第 1 項の規定の適用を受け、繰延ヘッジ処理がされている場合における当該外貨建資産等は含まれない旨定めている（施行令 122 条の 2 第二号）」と説明しています。

　このように、外貨建有価証券が有効であるヘッジの対象になっていれば、法人税法施行令第 122 条の 3 に規定する「外貨建資産等」に含まれず、当然ですが、同令による期末時換算は行うことができません。

ケース 4 ▶ タックスヘイブン

Q 10　当社は電子部品を製造販売する会社ですが、シンガポールに東南アジアを統括する子会社の設立を計画しています。設立後の納税に当たって注意すべきことがあったら教えてください。

A　この度、統括子会社設立を計画されているとのことから、東南アジアには既にいくつかの子会社を展開されていると想定しますと、今回設立を予定しているシンガポール子会社を含め、「外国子会社合算税制」が適用されるか、注意する必要があります。

　この制度は、一定の条件の下に、これら外国子会社の利益を貴社の収益とみなして課税が行われるものです。

　現地税率に関していえば、20％または30％が本制度発動の一つの基準になります。ご存じのとおりシンガポールの法人税率は20％を切っていますので、今般設立を予定されているシンガポール子会社にも本制度が適用されるリスクがあります。

解 説

第 1 節　外国子会社収益のみなし課税

（1）外国子会社合算税制の概要

　本問は、租税特別措置法第66条の6（内国法人の外国関係会社に係る所得の課税の特例）第1項のみなし規定にかかわるものであり法人税法上のみなし規定ではありませんが、この規定をめぐっては、最近でも、平成3年11月24日、平成4年3月10日、同年9月14日と相次いで高裁判決が出

ているように争訟が多いため、法人税関係注目の規定と位置付けて特に取り上げました。

「（…）内国法人に係る外国関係会社のうち、特定外国関係会社又は対象外国関係会社に該当するものが、（…）適用対象金額を有する場合には、（…）その内国法人の収益の額とみなして（…）益金の額に算入する。」（措法66の6①）

この外国子会社合算税制（CFC（Controlled Foreign Company）税制、タックスヘイブン対策税制とも呼ばれます）は、ほぼ毎年のように改正されていますが、特に平成29年度改正で大きく見直されました。本書においては、この制度の骨子の理解を目的として、主としてこの改正資料を基に概要のみ説明します。したがって、厳密な意味での課税関係については、別途、関係法令通達等を参照願います。

平成29年度改正前後の制度の概要イメージは次ページのとおりです（国税庁「平成29年度 法人税関係法令の改正の概要（平成29年5月）」37頁）。

改正の要点は、従来、租税負担割合20％未満（いわゆる「トリガー税率」）の外国子会社を「特定外国子会社等」と定義し、適用除外基準（①事業基準、②実体基準、③管理支配基準、④所在地国基準または非関連者基準）を満たさない場合に本税制の対象としていたものを、トリガー税率を廃止して「外国関係会社」について、「特定外国関係会社（いわゆる、ペーパーカンパニー等）」「対象外国関係会社」「部分対象関係会社」の3類型に分けて、それぞれ、本税制適用の要件を定めた点です。

ペーパーカンパニー等は租税負担割合30％未満の場合に本税制の対象となり、「対象外国関係会社」は、「外国関係会社」のうち、「経済活動基準」（従来の適用除外基準）を満たさない会社とされ、租税負担割合20％未満の場合に本税制の対象となります。「外国関係会社」は、「経済活動基準」を満たす場合であっても、租税負担割合20％未満で一定の「受動的所得」を有する場合は（部分対象関係会社）、本税制の対象となります。

〔改正の内容〕

外国子会社合算税制について、次のとおり見直しが行われました。

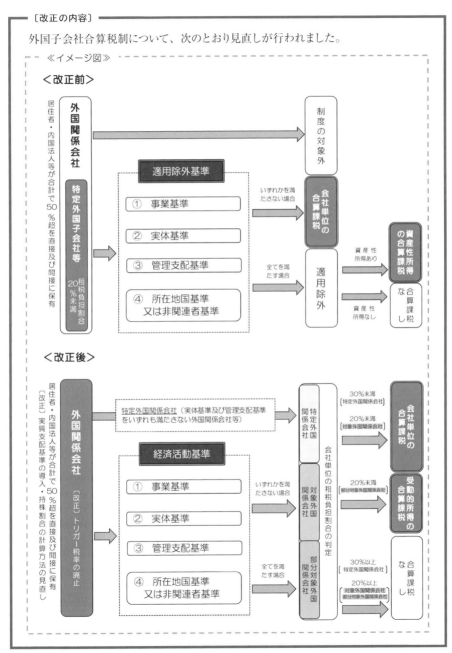

（国税庁「平成 29 年度 法人税関係法令の改正の概要（平成 29 年 5 月）」37 頁より）

　説明が前後しますが、「外国関係会社」とは、実質支配を加味した上で、居住者・内国法人が合計で50％超を直接及び間接に保有する外国子会社をいいます。

　本制度の趣旨について、「平成29年度　税制改正の解説」では以下のように説明されています（同解説652頁）。

　「このような企業行動の変化や国際資本移動の変容に、国際課税制度を適合させていく際には、健全な企業活動が阻害されないようにすることはもとより、一部の行き過ぎたタックス・プランニングを行っている企業に対して競争上不利になることも避けなければなりません。また、公平な競争条件をグローバルに整えるためには、税制の隙間や抜け穴をふさぎ、国際課税ルールを再構築していく努力を各国が協調して継続していくことが欠かせません。」

　平成29年度改正の背景、主な改正点は以下のとおりです（同解説652頁）。

　「（…）平成29年度税制改正においては、BEPS プロジェクトの最終報告書（行動3『外国子会社合算税制の強化（Designing EffectiveControlled Foreign Company Rules)』）に関して、『外国子会社の経済実態に即して課税すべき』との BEPS プロジェクトの基本的な考え方に基づき、日本企業の健全な海外展開を阻害することなく、より効果的に国際的な租税回避に対応するため、外国子会社合算税制の改正を行っています。

　具体的には、租税回避リスクを、改正前の外国子会社の租税負担割合により把握する制度から、所得や事業の内容によって把握する制度に改めています（筆者注：いわゆる「トリガー税率」の廃止）。これにより、従来は制度の対象外であった租税負担割合20％以上の外国子会社について、一見して明らかに、利子・配当・使用料等のいわゆる『受動的所得』しか得ておらず、租税回避リスクが高いと考えられるペーパー・カンパニー等である場合には、原則として、その外国子会社の全所得を親会社の所得とみなして合算できるようになり、他方で、経済活動の実体のある事業から得ら

れた、いわゆる『能動的所得』は、外国子会社の租税負担割合にかかわらず合算対象外となります。また、企業の事務負担を軽減する観点から、改正前の制度との継続性を踏まえつつ、租税負担割合 20％以上の外国子会社は、租税回避リスクの高いペーパー・カンパニー等を除き、合算課税を免除して申告不要とする制度適用免除等の措置を講じています。」

なお、続く平成 30 年度改正においては以下の改正が行われました（「平成 30 年度　税制改正の解説」678 頁）。

「今回の改正においては、日本企業の健全な海外展開を阻害することなく、効果的に国際的な租税回避への対応を行うという、これまでの国際課税の見直しの方向性に沿って、日本企業が M＆A 等により取得した外国企業の傘下にあるペーパー・カンパニーを整理する場合に生ずる一定の所得を合算対象としないこととされたほか、一定の要件を満たす外国金融子会社等が得る配当や利子などの一定の金融所得について、部分合算課税の対象としないこととしているところ、金融機関の海外展開の実情を踏まえ、外国金融子会社等に該当する一定の金融持株会社の要件の見直し等が行われました。」

また、令和元年度改正については以下の改正が行われ、「外国関係会社に係る所得等の課税の特例」について、同 2 年度（特定所得の金額（受取利子等の額）関連）、同 4 年度（ペーパーカンパニー関連）にも見直しが行われています。

「今回の改正では、米国の連邦法人税率の引下げを契機として、海外のビジネス上、<u>一般的に用いられる実態があり、かつ租税回避リスクが限定的であると考えられる一定の外国関係会社についてペーパー・カンパニーに該当しないこととされた</u>ほか、現地で連結納税やパススルー課税が行われる外国関係会社の適用対象金額等の計算方法について整備が行われました。また、グループ内の再保険取引に関する非関連者基準の適用、保険におけるリスクの移転や分散といった重要な機能を果たしていると考えにく

い外国関係会社の事実上の<u>キャッシュ・ボックスへの追加</u>、部分合算課税
の対象となる特定所得への保険所得の追加といった改正が行われました。」
（「令和元年度　税制改正の解説」604頁）

　ご質問で、今般設立を予定されている子会社は「統括会社」ということ
ですが、被統括会社の株式保有を行う一定の統括会社（事業持株会社）に
該当する場合は、事業基準を満たすこととされ、他の、実体基準、管理支
配基準、所在地国基準または非関連者基準も満たす場合は、「対象外国関
係会社」から除外されて、部分対象外国関係会社となり、租税負担割合
20％未満の場合は一定の受動的所得のみ本税制の対象となります。受動的
所得とは、配当、利子、無形資産の使用料等です。

　上記の改正を踏まえて、租税負担割合30％未満で本税制が発動される、
特定外国関係会社、いわゆる「ペーパーカンパニー」「キャッシュ・ボッ
クス」について簡記します。これらの会社は、租税負担割合20％以上で
も本税制の対象となりますので、特に注意を要します。

　１．ペーパーカンパニー該当性の判断（以下の要件を満たせばペーパーカ
　　　ンパニーから除かれます）
　　①　固定施設を有するかどうか（実体基準）
　　②　本店所在地国において事業の管理、支配及び運営を自ら行ってい
　　　　るかどうか（管理支配基準）
　　③　外国子会社の株式等の保有を主たる事業とする会社かどうか
　　④　特定子会社の株式等の保有を主たる事業とするかどうか
　　⑤　不動産の保有等に関する事業等の遂行上欠くことのできない機能
　　　　を果たしているかどうか
　２．キャッシュ・ボックス該当性の判断（次のいずれかで判断されます）
　　　　キャッシュ・ボックスとは、受動的所得の割合が一定以上の外国関
　　　係会社をいいます。
　　①　総資産額に対する金額の合計額に占める受動的所得（受取利子等）

の占める割合が総資産の額の 30％超かつ総資産額に対する金額の
合計額に有価証券等の資産の合計額の占める割合が 50％超かどう
か（いずれかに該当しなければ、キャッシュ・ボックスから除かれます）
②　非関連者等収入保険料の合計額の収入保険料の合計額に対する割
合が 10％未満であり、かつ、非関連者等支払再保険料合計額の関
連者等収入保険料に対する割合が 50％未満であるか（いずれかに該
当しなければ、キャッシュ・ボックスから除かれます）

対象外国関係会社については、租税負担割合 20％未満の場合に本税制
の対象となります。

対象外国関係会社の判定は、以下の経済活動基準を備えているかどうか
によります。1～4 のいずれかを満たさない場合は、対象外国関係会社と
して益金加算の対象となります。

1．事業基準➡株式等もしくは債券の保有、無形資産等の提供または船
　舶もしくは航空機の貸付けを主たる事業とする外国関係会社でないこ
　と。
　　事業基準の特例・統括会社特例の適用を受けるか
　　　　　　　　　　・外国金融持株会社特例の適用を受けるか
　　　　　　　　　　・航空機リース子会社特例の適用を受けるか
2．実体基準➡本店所在地国において主たる事業を行うに必要と認めら
　れる固定施設を有する外国関係会社であるか。
3．管理支配基準➡本店所在地国において事業の管理、支配及び運営を
　自ら行う外国関係会社であるか。
4．所在地国基準または非関連者基準
　・所在地国基準・主として本店所在地国において事業を行う外国関係
　　会社であるか
　・非関連者基準・非関連者取引割合が 50％を超える外国関係会社で
　　あるか

　さらに部分対象外国関係会社の判定は、特定外国関係会社（ペーパーカンパニー等）及び対象外国関係会社以外の外国関係会社であるかどうか、によります。

　なお、特定外国関係会社及び対象外国関係会社以外の外国関係会社（部分対象外国関係会社）であっても、租税負担割合20％未満の外国関係会社であれば、受動的所得について特定所得として部分課税対象とされて益金に加算されます。

　対象となる特定所得（受動的所得）とは、以下の所得です。

① 　剰余金の配当

② 　受取利子

③ 　有価証券の貸付けの対価

④ 　固定資産の貸付けの対価

⑤ 　無形資産の使用料

⑥ 　外国子会社に発生する根拠のない異常な利益

⑦ 　有価証券の譲渡損益

⑧ 　デリバティブ取引損益

⑨ 　外国為替損益

⑩ 　金融資産から生じる①、②、③、⑦、⑧、⑨以外の所得

⑪ 　保険所得

⑫ 　無形資産等の譲渡損益

---

(2) 参考判決：タックスヘイブン対策税制（外国子会社合算税制）適用の可否

　本事案に関連するものとしては、東京地裁平成19年3月29日判決、東京高裁平成21年2月26日判決、最高裁平成21年10月29日判決がありますので、確認しておきましょう。

　判決では、租税特別措置法のタックスヘイブン対策税制が、日本国政府とシンガポール共和国政府との間で締結された「所得に対する租税に関す

る二重課税の回避及び脱税の防止のための日本国政府とシンガポール共和
国政府との間の協定」（以下「日星租税条約」と略す）におけるシンガポー
ル法人につき日本に恒久的施設がなければ課税しないという規定（日星租
税条約第 7 条第 1 項）に違反するかどうかが争点とされ、最高裁では「措
置法 66 条の 6 第 1 項の規定が日星租税条約 7 条 1 項の規定に違反してい
ると解することはできない」として、納税者の主張を退ける判断を下して
います。なお、地裁、高裁とも納税者の主張を退けています。

第 2 節　課税権の行使の解釈

以下、最高裁判決の主要な要旨部分を挙げてみると、

「3 ⑵　原審が、措置法 66 条の 6 は日星租税条約 7 条 1 項に違反しな
いと判断したのに対し、上告人は、同項は、企業の利得を対象とした
規定であり、一方の締約国の企業の利得に対しては、他方の締約国は、
その内国法人に対する課税という形であっても、課税することができ
ないことを定めたものであるところ、措置法 66 条の 6 は、外国法人
の利得に対し、我が国に恒久的施設がないにもかかわらず課税するも
のであるから、日星租税条約 7 条 1 項に違反する旨主張している。

4 ⑴　一般に、自国における税負担の公平性や中立性に有害な影響を
もたらす可能性のある他国の制度に対抗する手段として、いわゆる
タックス・ヘイブン対策税制を設けることは、国家主権の中核に属す
る課税権の内容に含まれるものと解される。したがって、租税条約そ
の他の国際約束等によってこのような税制を設ける我が国の権能が制
約されるのは、当該国際約束におけるその旨の明文規定その他の十分
な解釈上の根拠が存する場合でなければならないと解すべきである。

4 ⑵　日星租税条約 7 条 1 項は、一方の締約国（A 国・筆者注：シンガポー
ル）の企業の利得に対して他方の締約国（B 国・筆者注：日本）が課税

するためには、当該企業がＢ国（筆者注：日本）において恒久的施設を通じて事業を行っていることが必要であるとし（同項前段）、かつ、Ｂ国（筆者注：日本）による当該企業に対する課税が可能な場合であっても、その対象を当該恒久的施設に帰属する利得に限定することとしている（同項後段）。同項は、いわゆる『恒久的施設なくして課税なし』という国際租税法上確立している原則を改めて確認する趣旨の規定とみるべきであるところ、企業の利得という課税物件に着目する規定の仕方となっていて、課税対象者については直接触れるところがない。しかし、同項後段が、Ｂ国（筆者注：日本）に恒久的施設を有するＡ国（筆者注：シンガポール）の企業に対する課税について規定したものであることは文理上明らかであり、これは同項前段を受けた規定であるから、同項前段も、また、Ａ国（筆者注：シンガポール）の企業に対する課税について規定したものと解するのが自然である。すなわち、同項は、Ａ国（筆者注：シンガポール）の企業に対するいわゆる法的二重課税を禁止するにとどまるものであって、同項がＢ国（筆者注：日本）に対して禁止又は制限している行為は、Ｂ国（筆者注：日本）のＡ国（筆者注：シンガポール）企業に対する課税権の行使に限られるものと解するのが相当である。

4 ⑶前段：措置法66条の6第1項は、外国子会社の留保所得のうちの一定額を内国法人である親会社の収益の額とみなして所得金額の計算上益金の額に算入するものであるが、この規定による課税が、あくまで我が国の内国法人に対する課税権の行使として行われるものである以上、日星租税条約7条1項による禁止又は制限の対象に含まれないことは、上述したところから明らかである。」

と判示し、さらに、

「5 ⑵前段：措置法66条の6第1項の規定は、内国法人が、法人の所得等に対する租税の負担がないか又は極端に低い国もしくは地域

（タックス・ヘイブン）に子会社を設立して経済活動を行い、当該子会社に所得を留保することによって、我が国における租税の負担を回避しようとする事例が生ずるようになったことから、このような事例に対処して税負担の実質的な公平を図ることを目的として、一定の要件を満たす外国会社を特定外国子会社等と規定し、その課税対象留保金額を内国法人の所得の計算上益金の額に算入することとしたものである（最高裁平成 17 年（行ヒ）第 89 号同 19 年 9 月 28 日第二小法廷判決・民集 61 巻 6 号 2486 頁参照）。しかし、特定外国子会社等であっても、独立企業としての実体を備え、その所在する国又は地域において事業活動を行うことにつき十分な経済合理性がある場合にまで上記の取扱いを及ぼすとすれば、当該内国法人の海外進出を不当に阻害するおそれがあることから、措置法 66 条の 6 第 3 項は、特定外国子会社等の事業活動が事務所、店舗、工場その他の固定施設を有し実体を備えていることなど経済合理性を有すると認められるための要件を法定した上、これらの要件がすべて満たされる場合には同条 1 項の規定を適用しないこととしている。さらに、内国法人に対して同条第 1 項の規定が適用される場合において、その特定外国子会社等の所得に対しても外国法人税が別途課されることとなれば、経済的な意味において所得に対する二重課税が生ずることから、措置法 66 条の 7 第 1 項は、課税対象留保金額に対する外国法人税の額を基に所定の方法で計算した金額を当該事業年度における当該内国法人の所得に対する法人税の額から控除することを認めて、当該内国法人が特定外国子会社等を利用しなかった場合とほぼ等しい税負担となるように調整することとしている。」

「5 (2)後段：(…) 我が国のタックス・ヘイブン対策税制は、シンガポールの課税権や同国との間の国際取引を不当に阻害し、ひいては日星租税条約の趣旨目的に反するようなものということもできない。」

と判示しました。

参考法令等

日星租税条約第7条1項

「第7条

　1 項　一方の締約国の企業の利得に対しては、その企業が他方の締約国内
　　　　にある恒久的施設を通じて当該他方の締約国内において事業を行わない
　　　　限り、当該一方の締約国においてのみ租税を課することができる。一方
　　　　の締約国の企業が他方の締約国内にある恒久的施設を通じて当該他方の
　　　　締約国内において事業を行う場合には、その企業の利得のうち当該恒久
　　　　的施設に帰せられる部分に対してのみ、当該他方の締約国において租税
　　　　を課することができる。」

ケース 5 ▶組織再編成①−繰越欠損金否認

Q 11　当社は、100% 出資の子会社（以下、「C 社」という）が繰越
欠損金 150 億円を抱えすぐに活用できない状況で、内 100
億円は 2 年後には切り捨てられることから、この繰越欠損金の活用
を図るために、C 社の利益計上部門を分社化して A 社を設立し、取
引先 B 社にこの A 社を購入してもらうことを打診しました。

　B 社は当社からの提案を B 社の内製化に資するものと考え、A 社
の購入を内諾しました。そこで当社は C 社を分社型分割して A 社を
設立するとともに、A 社の時価評価を N 証券会社に委託したところ
130 億円と評価されたことから、C 社から分割により A 社へ承継す
る時価評価純資産額を 30 億円と算定し、資本金 130 億円で A 社を設
立する予定です。

　なお、A 社では時価評価純資産額 30 億円と資本金 130 億円との差
額 100 億円を法人税法第 62 条の 8 第 1 項に規定する資産調整勘定と
して計上する予定で、このとき A 社は、C 社に株式だけを交付する
無対価分割とします。こうすると C 社による A 社株式の継続保有要
件を満たさないことから、C 社は分割承継会社である A 社の株式譲
渡対価 130 億円相当額を有価証券譲渡収入として計上し、交付した
時価評価純資産額（含み損・益はない）の譲渡益として 100 億円を計
上するとともに、繰越欠損金 100 億円を控除し、さらに翌年、B 社
に A 社を 130 億円で譲渡する予定です。

　また A 社では、資産調整勘定に計上した 100 億円のうち期間対応
分 20 億円を譲渡する前の翌期の決算で費用計上する予定です。A 社
に計上された資産調整勘定 100 億円のうち償却後の残高 80 億円はそ
のままで、B 社では A 社を吸収合併して残った 80 億円を償却すると

のことです。このスキームで税務的に問題ないでしょうか。

A 　法人税法第132条の2(組織再編成に係る行為又は計算の否認)は、「(…) その法人の行為又は計算で、これを容認した場合には、(…) 法人税の負担を不当に減少させる結果となると認められるものがあるときは、その行為又は計算にかかわらず、税務署長の認めるところにより、その法人に係る法人税の課税標準若しくは欠損金額又は法人税の額を計算することができる。」と規定し、課税庁は法人の行為または計算を否認できるとしています。いわゆる、伝家の宝刀といわれる規定で、適用要件が抽象的であるだけに、納税者にとっては事前に取扱いを予測することが難しい厄介な規定であるとともに、課税庁にとっても安易に発動することは難しい規定です。

　それはさておき、本問の会社が企画しているスキームの行為及び計算をみると、これを実行した場合には、本来、適格組織再編成であるものを殊更、非適格組織再編成となるような状況を作出して(行為)、法人税法第62条の8第1項ないし第4項による資産調整勘定の損金算入を図ったものであり(計算)、組織再編成規定を濫用して法人税の負担を不当に減少させる結果を創出したと認定され、法人税法第132条の2により否認されるリスクが高いといえます。

解説

(1) 行為又は計算の否認

　本問のスキームは、本来、適格分割である組織再編成を敢えて非適格分割となる状況を意図的に作出して資産調整勘定を設定した上で、この資産調整勘定の金額がその後に続く適格合併の合併法人の資産調整勘定の金額とみなされる規定(法法62の8⑩)を利用することにより、期限切れ欠損

金を実質的に利用・控除することを企図したものであることから、みなし規定をめぐる問題として取り上げました。

　本問のスキームの一番の問題点は、繰越欠損金の控除期限切れを間近に控えて、期限切れ後も実質的にその控除ができるようにすることを目論んだ組織再編成である点です。法人税法施行令第 4 条の 3 第 6 項第一号ハ（単独新設分割における完全支配関係の継続）に規定する要件を形式的に満たさないこととすることにより、本来適格分割である本件分割を非適格分割とした上で、資産調整勘定の金額を生じさせ、これを減額して損金に算入すること（法法 62 の 8 ①④）を目的とする以外に、合理的な理由となる事業目的等はないように見受けられます。

　そして、このスキームによる資産調整勘定の損金算入は、その後に続く、譲渡や適格合併を実行し、法人税法第 62 条の 8 第 10 項のみなし規定（資産調整勘定の引継ぎを受けた合併法人の資産調整勘定の金額とみなす）を適用して、当初計上した資産調整勘定の 100 億円すべてを損金に算入することにより完結します。

　したがって、このスキームを是認すると、組織再編成制度を濫用して期限切れ欠損金の繰越控除が合法的に認められることになります。しかし、法人税法第 132 条の 2 に「組織再編成に係る行為又は計算の否認」規定がありますので、本スキームを実行しても否認される公算が大きいと考えます。

　同条の内容を要約して再掲すると以下のとおりです。

　「（…）分割に係る次に掲げる法人の法人税につき更正又は決定をする場合において、その法人の行為又は計算で、これを容認した場合には、（…）その他の事由により法人税の負担を不当に減少させる結果となると認められるものがあるときは、その行為又は計算にかかわらず、税務署長の認めるところにより、その法人に係る法人税の課税標準若しくは欠損金額又は法人税の額を計算することができる。」

　上記解説の内容をもう一度まとめると、本件の場合、繰越欠損金の適用期限を間近に控え、同金額の控除期限切れ前に組織再編成を行い、期限切れ後も実質的（合法的）にこの欠損金の控除を行おうとする目的以外に合理的な理由となる事業目的等はないように見受けられますので、上記組織再編成に係る行為又は計算の否認規定を適用されるリスクは大きいといわざるを得ません。言わずもがなですが、伝家の宝刀が発動されるリスクが高い以上、意図した法人税法第62条の8第10項のみなし規定の利用は期待できません。

（2）参考判決：租税回避スキーム

　では、本事案における問題点につき、判示した判決がありますので紹介します。

　平成26年3月18日東京地裁判決、平成27年1月15日東京高裁判決、平成28年2月29日最高裁判決、いわゆる「IDCF事件」です。

　当判決の事実関係は必ずしも本問と同一とはいえませんが、概要としては、会社分割に当たり、繰越欠損金の控除額を利用しようとして、非適格分割という組織再編を行ったという点で似通っていますのでここにその要旨を紹介します。

　まず事実関係については省略しますが、最高裁の判決から本問と同様の判断に至った要点をここで抜粋して確認しておきましょう。

・組織再編成は、その形態や方法が複雑かつ多様であるため、これを利用する巧妙な租税回避行為が行われやすく、租税回避の手段として濫用されるおそれがあることから、法132条の2は、租税負担の公平を維持するため、組織再編成において法人税の負担を不当に減少させる結果となると認められる行為又は計算が行われた場合に、それを正常な行為又は計算に引き直して法人税の更正又は決定を行う権限を税務署長に認めたものと解され、組織再編成に係る租税回避を包括的に防

止する規定として設けられたものである。

・このような同条の趣旨及び目的からすれば、同条にいう「法人税の負担を不当に減少させる結果となると認められるもの」とは、法人の行為又は計算が組織再編成に関する税制（以下「組織再編税制」という。）に係る各規定を租税回避の手段として濫用することにより法人税の負担を減少させるものであることをいうと解すべきであり、その濫用の有無の判断に当たっては、

① 当該法人の行為又は計算が、通常は想定されない組織再編成の手順や方法に基づいたり、実態とは乖離した形式を作出したりするなど、不自然なものであるかどうか（観点 1）

② 税負担の減少以外にそのような行為又は計算を行うことの合理的な理由となる事業目的その他の事由が存在するかどうか等の事情を考慮した上で、当該行為又は計算が、組織再編成を利用して税負担を減少させることを意図したものであって、組織再編税制に係る各規定の本来の趣旨及び目的から逸脱する態様でその適用を受けるもの又は免れるものと認められるか否か（観点 2）

という観点から判断するのが相当である。

・組織再編税制の基本的な考え方は、実態に合った課税を行うという観点から、原則として、組織再編成により移転する資産及び負債（以下「移転資産」という。）についてその譲渡損益の計上を求めつつ、移転資産等に対する支配が継続している場合には、その譲渡損益の計上を繰り延べて従前の課税関係を継続させるというものである。このような考え方から、組織再編成による資産等の移転が形式と実質のいずれにおいてもその資産等を手放すものであるとき（非適格組織再編成）は、その移転資産等を時価により譲渡したものとされ、譲渡益又は譲渡損が生じた場合、これらを益金の額又は損金の額に算入しなければならないが（法 62 条等）、他方、その移転が形式のみで実質においてはま

だその資産等を保有しているということができるものであるとき（適格組織再編成）は、その移転資産等について帳簿価額による引継ぎをしたものとされ（法62条の2等。適格分社型分割については法62条の3）、譲渡損益のいずれも生じないものとされている。

・施行令4条の2第6項が、法2条十二号の十一イに規定する適格分割の要件として、分割後に分割法人と分割承継法人との間に当事者間の完全支配関係等が継続することが見込まれることを必要としているのは、当該分割の時点で、当該分割後に当事者間の完全支配関係等が継続することが見込まれていれば、移転資産等に対する支配が分割後も継続すると認められることによるものと解される。

・損金に算入することができなくなる約124億円を余すところなく活用するため、Cに本件分割を行わせることにより上告人を設立し、一方でCに上記未処理欠損金額のうち当期利益により償却することができない約100億円に相当する譲渡益を発生させ、これにより上記未処理欠損金額のうち上記約100億円を償却し、他方で上告人に法62条の8第1項に基づく上記譲渡益相当額と同額の資産調整勘定の金額を発生させることにより、上記未処理欠損金額のうち上記約100億円を上告人の資産調整勘定の金額に転化させ、上告人においてこれを以後60か月にわたり償却し得るものとするため、平成21年3月30日までのごく短期間に計画的に実行されたものである。

・上記のとおりCに約100億円の譲渡益を発生させ、上告人に同額の資産調整勘定の金額を発生させるためには、本件分割が当事者に譲渡損益を生じさせる非適格分割である必要があったことから、本件では、本件分割をあえて非適格分割とするため、分割後に分割法人と分割承継法人との間に当事者間の完全支配関係が継続することが見込まれているという施行令4条の2第6項一号の要件を満たさないこととなるように（…）実行されたものとみることができる。

・しかも、本件譲渡 1 の 4 日後に行われた本件譲渡 2 により、（…）そ
　の約 1 か月後に本件合併の効力が生じたというのであるから、本件の
　一連の組織再編成を全体としてみれば、C による移転資産等の支配は
　本件分割後も継続しているといえるのであって、本件分割は適格分割
　としての実質を有すると評価し得るものである。その上、仮に本件分
　割後に本件譲渡 1 が行われなくとも、（…）ことなども考慮すると、
　本件譲渡 1 を行うことにつき、税負担の減少以外に事業目的等があっ
　たとは考え難い。

・本計画を前提とする本件分割は、（…）未処理欠損金額（…）を上告
　人の資産調整勘定の金額に転化させ、上告人においてこれを以後 60
　か月にわたり償却し得るものとするため、（…）実質的には適格分割
　というべきものを形式的に非適格分割とするべく企図されたものとい
　わざるを得ず、本件計画を前提とする点において、通常は想定されな
　い組織再編成の手順や方法に基づくものであるのみならず、これによ
　り実態とは乖離した非適格分割の形式を作出するものであって、明ら
　かに不自然なものであり、税負担の減少以外にその合理的な理由とな
　る事業目的等を見いだすことはできない。

・以上を総合すると、本件計画を前提とする本件分割は、組織再編成を
　利用して税負担を減少させることを意図したものであって、適格分割
　の要件を定める法 2 条十二号十一イ及び施行令 4 条の 2 第 6 項一号、
　適格分社型分割につき譲渡損益の計上の繰延べを定める法 62 条の 3
　並びに資産調整勘定の金額の損金算入等について定める法 62 条の 8
　の本来の趣旨及び目的を逸脱する態様でその適用を受けるもの又は免
　れるものと認められるというべきである。

　そうすると、本件計画を前提とする本件分割は、組織再編税制に係
　る上記各規定を租税回避の手段として濫用することにより法人税の負
　担を減少させるものとして、法 132 条の 2 にいう「法人税の負担を不

当に減少させる結果となると認められるもの」に当たると解するのが相当である。

　以上のとおり、この最高裁の判決では繰越欠損金を利用する目的での組織再編成は否定されました。

　上記判断の要点を簡潔にまとめると、制度濫用の有無の判断に当たっては、観点１及び２から判断するのが相当とされ、この観点から濫用ありと判断されると、法人税法第132条の２が適用されることになります。

観点１：当該法人の行為又は計算が、

　　　　　通常は想定されない組織再編成の手順や方法に基づいたものかどうか

　　　　　実態とは乖離した形式を作出したりするなど、不自然なものであるかどうか

観点２：税負担の減少以外にそのような行為又は計算を行うことの合理的な理由となる事業目的その他の事由が存在するかどうか等の事情を考慮

　　　　　その上で、当該行為又は計算が、組織再編成を利用して税負担を減少させることを意図したものであって、組織再編税制に係る各規定の本来の趣旨及び目的から逸脱する態様でその適用を受けるもの又は免れるものと認められるか否か

　条文は異なりますが、同じく行為計算否認規定である法人税法第132条（同族会社等の行為又は計算の否認）の適用をめぐって、上記平成28年２月29日最高裁判決の直前の平成28年２月18日に下された最高裁判決があります。

　いわゆるIBM事件で、地裁、高裁、最高裁とも納税者が勝訴し、行為計算否認規定の適用が否定されています。最高裁判決は上告不受理で高裁判決が確定していますので、参考まで、高裁判決の要旨を簡単に紹介しておきます。

・課税庁は、本件の株式の購入等一連の行為は、独立当事者間の通常の取引と異なり経済的合理性を欠き、法人税の負担を減少させたから不当なものと認められると主張

・高裁は、「不当」として法人税法第 132 条第 1 項に基づき否認するためには、一連の行為ではなく、各譲渡が経済的合理性を欠くものと認められるかで判断すべきであり、取引価格の決定経緯等から各譲渡が独立当事者間の通常の取引と異なるものであり経済的合理性を欠くとの主張は採用できないと判示

なお、この IBM 事件は、自己株式の取得に関連するものですが、この事件で利用された株式の譲渡損とみなし配当・受取配当益金不算入制度との組合せによる節税スキームは、平成 22 年度税制改正により封じられています。

以下、財務省「平成 22 年度　税制改正の解説」から関係個所（(2)　改正の内容（「平成 22 年度　税制改正の解説」338 頁））を抜粋して紹介します。

「①　序

株式の発行法人にみなし配当が生ずる基因となる事由が生じた場合に、株主等におけるその発行法人の株式の帳簿価額によっては、みなし配当の額について受取配当等の益金不算入制度が適用されるとともに株式の譲渡損失が計上されることがあります。この構造自体は、法人の設立から清算までを通じて考えると理論として整合的ではあるものの、特定の場面においてはこういった処理を行うことが必ずしも適切でない取引がありました。

これについて、次の②から④までに述べる措置が講じられました。

②　自己株式として取得されることを予定して取得した株式に係るみなし配当

イ　概要及び趣旨

法人税法第 23 条第 1 項（受取配当等の益金不算入）の規定は、法人

がその受ける配当等の額（発行法人による自己株式の取得により、その法人が受ける配当等の額とみなされる金額に限ります。）の元本である株式又は出資で、その配当等の額の生ずる基因となる法人税法第24条第1項第四号に掲げる事由（自己株式の取得）が生ずることが予定されているものの取得をした場合におけるその取得をした株式又は出資に係る配当等の額でその予定されていた事由に基因するものについては、適用しないこととされました（法法23③、81の4③）。

　これは、自己株式として取得されることが予定されている株式について、通常の投資利益を目的とせずに、税務上の譲渡損失の計上を行うことを目的として取得し、これが予定どおり取得されることによりその目的を達成するといったことを典型とする、みなし配当と譲渡損益の構造を租税回避的に利用した行為を防止するための措置です。

ロ　自己株式としての取得が予定されているもの

　益金不算入が適用されないこととなるみなし配当の元本である株式は、発行法人による自己株式の取得が予定されているものに限られています（法法23③、81の4③）。ここで、『自己株式の取得』には、金融商品取引所の開設する市場における取得等、みなし配当の生じない法人税法施行令第23条第3項各号に掲げる事由による取得は含まれません。

　また、『予定』は、自己株式の取得が具体的に予定されていることを必要とし、例えば公開買付けに関する公告がされている場合や組織再編成（すなわち反対株主の買取請求）が公表されている場合には予定されていることに該当しますが、単に取得条項や取得請求権が付されていることのみをもっては予定されていることには該当しないと考えられます。

ハ　取得

　取得には、適格合併又は適格分割型分割による引継ぎを含むことと

されています（法法23③、81の4③）。

ニ　予定されていた事由に基因するもの

　益金不算入制度が適用されないこととなるみなし配当の額は、その予定されていた事由に基因するものに限られています（法法23③、81の4③）。したがって、自己株式としての取得が予定されている株式を取得した場合でも、これについて自己株式の取得によるみなし配当でない配当があった場合には、その配当の額については、受取配当等の益金不算入制度が通常どおり適用されることとなります。

　予定されていた事由からは、法人税法第61条の2第16項の規定の適用があるものが除外されています（法法23③、81の4③）。すなわち、完全支配関係がある発行法人に対する発行法人株式の譲渡（完全支配関係がある発行法人による自己株式の取得）の場合には、譲渡損益は非計上とされた（前述「1　100％グループ内の法人間の取引等」の「(7) 100％グループ内法人の株式の発行法人に対する譲渡」234ページ参照）ことから、租税回避のおそれがないため、適用除外とされたものです。

　また、その取得した株式が適格合併、適格分割又は適格現物出資により被合併法人、分割法人又は現物出資法人から移転を受けた株式である場合には、益金不算入制度が適用されないこととなるみなし配当の額は、その予定されていた事由がこれらの法人のその株式の取得の時においても生ずることが予定されていた場合におけるその予定されていた事由に基因する配当等の額となります（法令20の2、155の7の2）。したがって、被合併法人、分割法人又は現物出資法人における取得の時点と合併法人、分割承継法人又は被現物出資法人の取得又は引継ぎの時点の両方の時点で自己株式としての取得が予定されている場合に益金不算入制度が適用されないこととなります。適格現物分配の場合には、事業の移転を前提とされていないことから、被現物分配法人の取得の時点で自己株式としての取得が予定されている場合に

益金不算入制度が適用されないこととされています。

③　抱合株式の譲渡損益（中略）

④　100％グループ内の法人の株式の発行法人に対する譲渡

　内国法人が、その有していた株式を発行した他の内国法人（その内国法人との間に完全支配関係があるものに限ります。）の法人税法第24条第1項各号に掲げる事由（みなし配当の額の発生の基因となる事由）により金銭その他の資産の交付を受けた場合又はその事由により当該他の内国法人の株式を有しないこととなった場合におけるその株式の譲渡利益額又は譲渡損失額の計算上、その譲渡対価となる金額は、その譲渡原価に相当する金額とされました（法法61の2⑯）。すなわち、譲渡損益額は計上されないこととなりました。

　詳細は、前述「1　100％グループ内の法人間の取引等」の「(7) 100％グループ内法人の株式の発行法人に対する譲渡」（234ページ）を参照して下さい。」

ケース6 ▶組織再編成②－繰越欠損金否認

Q12　当社は部品製造メーカーで、平成27年にB社の資本金の3分の2を取得し、平成28年に残り部分を取得して100％子会社としています。しかし、B社は取得後に赤字が続いたこともあって令和3年12月期現在2億円の債務超過になっています。

　このまま放置してはB社が当社の足を引っ張りかねず、吸収合併してB社を消滅させ、その後、新会社C社を分社型分割で設立して旧B社を再出発させるようにと、当社の役員会で決まりました。

　当該合併で引き継いだB社の繰越欠損金12億円については、当社の確定申告時に所得金額から控除する予定です。

　しかし、聞くところによると、過去に100％子会社を吸収合併してその業務を新設子会社に引き継がせたケースで、旧子会社（被合併法人）から引き継いだ繰越欠損金の控除が、法人税法第132条の2「組織再編成に係る行為又は計算の否認」規定により否認され、税金を追徴された事例があったようです。

　当社も引き継いだ繰越欠損金の控除を否認されるのでしょうか。

A　貴社の内容であれば、法人税法第2条第十二号ハイに規定する完全支配関係のある法人間での適格合併と考えられます。法人税法第57条第2項により適格合併が行われたときの被合併法人の未処理欠損金額は、平成30年度税制改正で事業引継要件が緩和されたこともあり、適格合併等に係る合併法人の合併事業年度前の各事業年度において生じた欠損金とみなされる公算が大きいと考えます。

　当然ですが、控除の対象は、被合併法人において青色申告した事業年度の欠損金に限定されます。

解 説

（1）「完全支配関係」の解釈

　本問は、法人税法第57条第2項の「…欠損金とみなす」規定が関係しますので、みなし規定をめぐる問題として取り上げました。

　本問は、被合併法人から引き継いだ繰越欠損金の控除を否認された、平成元年6月27日東京地裁判決（納税者敗訴・控訴）、令和元年12月11日東京高裁判決（納税者敗訴・上告棄却確定）、いわゆる「TPR事件」を参考にしました。

　この事件では、納税者の主張が認められず国側の繰越欠損金の控除を認めない処分が確定しました。

　この判決では、完全支配関係がある法人間の適格合併による繰越欠損金の引継ぎを法人税法第132条の2の組織再編成に係る行為又は計算否認規定を適用して否認していますが、その理由として、適格合併により「従業者引継要件及び事業継続要件が必要とされるものと解され、殊更に、完全支配関係にある法人間の適格合併について、当該基本的な考え方が妥当しないものと解することはできないから、当該適格合併においても、被合併法人から移転した事業が継続することを要するものと解するのが相当である。」（高裁判決・第3　当裁判所の判断・2　当審における当事者の主張に対する判断・(2)争点(2)について・イ後段・中）として法人税法第132条の2を適用したものです。

　否認判断の大きな要素となった「従業者従事要件及び事業継続要件」については、平成30年度の税制改正により適格要件が緩和され、「当初の組織再編成の後に完全支配関係がある法人間で従業者又は事業を移転することが見込まれている場合にも、当初の組織再編成の適格要件のうち従業者従事要件及び事業継続要件に該当することとされました。」と財務省「平成30年度 税制改正の解説」309頁「2　改正の趣旨及び概要(2)」に解説

されています。これに沿って法人税法第 2 条十二号八が改正され同要件が見直しされています。

　ちなみに、改正前の法人税法第 2 条第十二号八ロでは、

「その合併に係る被合併法人と合併法人（…）との間にいずれか一方の法人による支配関係その他の政令で定める関係がある場合の当該合併のうち、次に掲げる要件の全てに該当するもの

　⑴　当該合併に係る被合併法人の当該合併の直前の従業者のうち、その数のおおむね 100 分の 80 以上に相当する数の者が当該合併後に当該合併に係る合併法人の業務に従事することが見込まれていること（当該合併後に当該合併法人を被合併法人とする適格合併を行うことが見込まれている場合には、当該相当する数の者が、当該合併後に当該合併法人の業務に従事し、当該適格合併後に当該適格合併に係る合併法人の業務に従事することが見込まれていること）

　⑵　当該合併に係る被合併法人の当該合併前に行う主要な事業が当該合併後に当該合併に係る合併法人において引き続き行われることが見込まれていること（当該合併後に当該合併法人を被合併法人とする適格合併を行うことが見込まれている場合には、当該主要な事業が、当該適格合併後に当該適格合併において営まれ、当該適格合併後に当該適格合併に係る合併法人において引き続き行われることが見込まれていること。）」

とされていましたが、平成 30 年度の税制改正後の法人税法第 2 条第十二号八ロでは、

「その合併に係る被合併法人と合併法人（…）との間にいずれか一方の法人による支配関係その他政令で定める関係がある場合の当該合併のうち、次に掲げる要件の全てに該当するもの

　⑴　当該合併に係る被合併法人の当該合併の直前の従業者のうち、その数のおおむね 100 分の 80 以上に相当する数の者が当該合併後に当該合併に係る合併法人の業務（当該合併後に係る合併法人との間に完全支

　　配関係がある法人の業務並びに当該合併後に行われる適格合併により当該
　　被合併法人の当該合併前に行う主要な事業が当該適格合併に係る合併法人
　　に移転することが見込まれている場合における当該適格合併に係る合併法
　　人及び当該適格合併に係る<u>合併法人との間に完全支配関係がある法人の業
　　務を含む。</u>）に従事することが見込まれていること。

(2)　当該合併に係る被合併法人の当該合併前に行う主要な事業が当該
　　　合併後に当該合併に係る合併法人（<u>当該合併に係る合併法人との間に
　　　完全支配関係がある法人並びに当該合併後に行われる適格合併により当
　　　該主要な事業が当該適格合併に係る合併法人に移転することが見込まれ
　　　ている場合における当該適格合併に係る合併法人及び当該適格合併に係
　　　る合併法人との間に完全支配関係がある法人を含む。</u>）において引き続
　　　き行われることが見込まれていること。」

と、かっこ内下線部分が改正されています。

　これら下線部分が改正されたことにより、改正前は、従業者、事業が合
併法人において引き継がれることが要件になっていましたが、改正後はそ
の合併法人だけではなく合併法人との間に完全支配関係がある法人に移転
することが見込まれている場合にも適格要件に該当するとされました。こ
の改正によって、被合併事業、従業者の移転先は、合併法人以外の法人で
あっても合併法人と完全支配関係がある法人が引き継ぐことにより、従業
者引継要件、事業継続要件がクリアできることになりました。

　この改正を踏まえれば、貴社のように単に繰越欠損金だけを被合併法人
から受ける目的でなく、完全支配関係のあるグループ全体で被合併法人の
従業者、事業を引き継ぐことから、適格要件を満たし、繰越欠損金の引継
ぎを否定される公算は少なくなったと思われます。

（2）参考判決：みなし欠損金適用否認の論拠

　本問と類似の組織再編成で、繰越欠損金の引継ぎが否認された判決があ

りますので紹介します。

　令和元年 6 月 27 日東京地裁判決（納税者控訴）、令和元年 12 月 11 日東京高裁判決（納税者上告・上告棄却）、いわゆる、TPR 事件です。

　高裁判決は、第 3　当裁判所の判断・2　当審における当事者の主張に対する判断・(2)争点(2)について・イ後段・中において「（…）組織再編税制は、組織再編成の前後で経済実態に実質的な変更がなく、移転資産等に対する支配が継続する場合には、その譲渡損益の計上を繰り延べて従前の課税関係を継続させるということを基本的な考え方としており、また、先に組織再編税制の立案担当者の説明を引用して判示したとおり、組織再編税制は、組織再編成により資産が事業単位で移転し、組織再編成後も移転した事業が継続することを想定しているものと解される。」と説示の上、本件では実質的に合併法人に事業が移転継続していないと認定し、ただし、適格性は否認せず、制度の濫用に当たるとして、法人税法第 132 条の 2 を適用して欠損金の引継ぎのみを否認しました。つまり、適格合併は認めるが、合併に伴って引き継いだ繰越欠損金についてのみ、法人税法第 132 条の 2 を適用して否認したものです。

　上記高裁判決は、地裁判決を相当としていますので、一部地裁判決も紹介します。

　地裁判決は、第 5　当裁判所の判断・3 争点(2)（本件合併が法人税法 132 条の 2 にいう「法人税の負担を不当に減少させる結果となると認められるもの」に当たるか否か）について(3)本件合併に関する検討・ア(ア)・後段において「（…）本件合併とともに本件設立（筆者注：新規子会社のこと）、本件転籍（従事者の転籍のこと）本件譲渡（筆者注：合併により被合併法人から引き継いだ棚卸資産の譲渡のこと）及び本件賃貸借（筆者注：合併により被合併法人から引き継いだ機械設備の貸し付けのこと）が行われたことによって、実態としては、旧 B 社（筆者注：被合併法人のこと）の営んでいた本件事業はほぼ変化のないまま新 B 社（筆者注：新たに設立した子会社のこと）に引き継が

れ、原告は、旧B社の有していた本件未処理欠損金額のみを同社から引き継いだに等しいものということができる。そうすると、本件合併は形式的には適格合併の要件を満たすものの、組織再編税制が通常想定している移転資産等に対する支配の継続、言い換えれば、事業の移転及び継続という実質を備えているとはいえず、適格合併において通常想定されていない手順や方法に基づくもので、かつ、実態とはかい離した形式を作出するものであり、不自然なものというべきである。」（かっこ内は筆者による加筆）と判示し、より詳細に原告（納税者：合併法人）が実質的には欠損金のみを引き継いだ経緯を描写し、実態とかい離した不自然な形式を作出したと断じています。

　平成30年度の税制改正は法人税法第2条第十二号八ロの支配関係がある場合の改正ですが、同号イの完全支配関係がある適格合併でも、合併法人を飛ばして完全支配関係のあるグループ内法人への移転が可能になったと解釈し得ることから、合併により被合併法人からの欠損金引継ぎが租税回避と判断される領域は狭まった印象を受けます。

　ただし、上記判決は、合併の適格性は認めた上で繰越欠損金の引継ぎのみを否定している点で、平成30年度改正で適格要件の間口が広がったとはいえ、これまでと同様、適格性は認めつつ繰越欠損金の引継ぎのみ否定する判断が出てくる可能性は零とはいえません。

　これまでのところ、筆者はこの改正後の事件で、この判決と同様、適格合併で繰越欠損金の引継ぎをめぐって争ったケースを目にしておらず、現状、判断の行方は神のみぞ知るです。この意味で、本問のAnswerにおいて「公算が大きい」と説明した次第です。

ケース 7 ▶組織再編成③−株式交換とみなし配当

Q 13　当社はこれまで B 社の株式を保有していましたが、このた
び B 社は C 社との間で株式交換契約を交わしました。当社
はこの株式交換契約に反対しましたが、B 社の株主総会で当該交換が
承認されたことから、買取請求をすることにしました。

買取請求の流れは以下のとおりです。

1．令和 4 年 1 月 20 日　株式交換契約締結の連絡

2．令和 4 年 3 月 15 日　株式交換の公告

3．令和 4 年 4 月 10 日　B 社臨時株主総会、株式交換契約の承認

4．令和 4 年 4 月 20 日　反対株主として買取請求

5．令和 4 年 4 月 25 日　C 社株主総会で効力発生日を 4 月 30 日
とする株式交換契約を承認

6．令和 4 年 5 月 7 日　1 株当たり 75,000 円で買い取る旨提示あり、
これを了承

7．令和 4 年 5 月 15 日　合意書面を取り交わし、翌日に 69,895,000
円入金

当社は 4 月決算ですが、1,000 株の買取代金 75,000,000 円の税務
処理はどのようにすればよろしいでしょうか。

なお、合意直前の B 社の資本金等の金額は 1 株当たり 50,000 円で、
当社の株式保有割合は 10% でした。

また、5 月 16 日に振り込まれた金額は 69,895,000 円で、源泉所得
税 5,105,000 円が差し引かれた金額でした。当社保有 B 社株式の帳
簿価額は 50,000,000 円です。

株式交換に反対の立場から会社法第785条により株式交換子会社（B社）へ反対株主として買取請求をしていますので、B社へ自己株式の買取りを請求したことになります。

　有価証券の譲渡（B社自己株売買）の時期は、当事者間の買取合意が成立した時とされていますので、買取額について合意書が取り交わされた令和4年5月15日となります。したがって、令和4年4月期の収益にはなりません。

　法人税法第24条第1項第五号により、B社の1株当たりの資本金等の金額50,000円を超える金額はみなし配当になりますが、上記有価証券譲渡収益と同様、みなし配当収益も令和4年4月期の収益にはなりません。

<hr>

解説

<hr>

(1) 譲渡所得計算

<hr>

　本問は、株式交換に反対する株主による株式買取請求により発生する、自己株式の取得に関する問題で、みなし配当が絡んでくることからみなし規定をめぐる問題として取り上げました。後掲した参考判決は、みなし配当の発生及び収益に計上すべき時期が主な争点です。

　参考までに翌期の収益計上について次に計算例を示します。

　B社から支払われた金額のうち、資本金等の金額に対応する部分の金額を超える金額は配当とみなされ（法法24①）、資本金等の金額に対応する部分の金額は株式の譲渡収入となります（法法61の2）。

① みなし配当の金額について

　通常、まず、1株当たりの資本金等の金額の計算を行いますが、本問では、50,000円とされています。また、支払いを受けた金額は、1,000株分、総

額 75,000,000 円ですから、1 株当たり 75,000 円となります。この金額を基にみなし配当の金額を計算すると、支払いを受けた金額のうち、資本金等の金額に対応する部分の金額を超える金額（1 株当たり）は

　　75,000 円 - 50,000 円（B 社の直前の 1 株当たりの資本金等の額）= 25,000 円

となり、みなし配当の総額（配当収益）は以下のようになります。

　　25,000 円 × 1,000 株 = 25,000,000 円

　法人税法第 24 条により受取配当等益金不算入となる金額は、当社の株式保有割合が 10%であったことから、株式等保有割合が 5%超 3 分の 1 以下の場合の損金不算入割合 50%が適用されます。

　　25,000,000 円 × 50% = 12,500,000 円

　したがって、みなし配当に係る課税所得金額は以下のようになります。

　　25,000,000 円 - 12,500,000 円 = 12,500,000 円

② **株式の譲渡収入について**

　次に、株式の譲渡収入は資本金等の金額に対応する部分の金額ですので、以下のとおりです。

　　50,000 円 × 1,000 株 = 50,000,000 円

　そして、株式の譲渡に係る所得金額（譲渡損益）は、以下のようになります。

　　株式譲渡収入 50,000,000 円 - 帳簿価額 50,000,000 円 = 0 円

　なお、差し引かれた源泉所得税 5,105,000 円は、所得税額控除として法人税額から控除できますが、税額控除を選択した場合は、その金額を所得金額に加算することになります。

（2）参考判決：譲渡の時期の判定と自己株式譲渡の該当性

　株式交換に反対して買取請求した結果、自己株式の取得に係るみなし配当が生じた判決がありますので紹介します。平成 24 年 12 月 4 日東京地裁判決（納税者控訴）、平成 25 年 8 月 2 日東京高裁判決（棄却、上告不受理）

です。

　なお、本判決は、平成18年5月の会社法の施行前の旧商法施行時の事案です。

　本裁判の主な争点は以下のとおりです。

1．本件株式交換に反対する株主（原告）の権利行使（買取請求）により、反対株主が（交換契約により取得後）譲渡した株式は、元々保有していた完全子会社株式か、株式交換により割り当てられた完全親会社株式であるか（株式譲渡の対象株式）。

（注）　反対株主（原告）の譲渡した株式が完全親会社株式であれば、（完全子会社となる会社に買取請求したのであるから）自己株式の取得に当たらず、みなし配当は発生しません。課税庁はこのように認定し、みなし配当及び受取配当益金不算入を否認し、全額有価証券譲渡収入として更正処分を行いました。原告の譲渡した株式が元々保有していた完全子会社株式であれば、みなし配当が発生します。

2．株式譲渡損益の算入時期：株式の譲渡がいつであるか（株式交換契約の効力発生日か譲渡合意日か）

　高裁判決は、原判決を相当とし、ほぼ原判決を引用していますので、地裁判決文を中心に要旨を紹介します。

　争点1の、株式交換反対株主の買取請求による譲渡（交換契約により取得後の譲渡）が自己株式の譲渡になるかについては、原告が元々保有していた完全子会社株式である、つまり、自己株式の譲渡であると認定しました。その論旨は以下のとおりです。

　判決は「第3　当裁判所の判断」「1　争点(1)本件株式譲渡の対象株式について」の(1)最後段において

　「会社法（平成18年5月1日施行）においては、株式交換の完全子会社となる会社における株式買取請求の対象となる株式に対しては、完全親会

社となる会社の株式は割り当てられないことを明らかにすることとして、株式交換の効力発生日において株式買取請求に係る株式の買取りの効力が生ずることとしている（会社法第 786 条第 5 項、注：現会社法第 786 条第 6 項）。このため、反対株主が株式買取請求をした後に株式交換の効力が生じたときは、当該株式買取請求をした反対株主が保有する株式は、その効力発生日に完全子会社となる会社を経て完全親会社となる会社に移転することとなると解されている。」

と述べ、次いで、

(2)上段「そこで検討するに、株式交換比率が不公正に定められた場合には、株式交換により割り当てられる完全親会社となる会社の株式は、完全子会社となる会社の株主が保有していた完全子会社となる会社の株式よりも経済的価値が低いことになり、完全子会社となる会社の株主が経済的損失を被るおそれがあるため、完全子会社となる会社の株主は、株式交換自体には賛成の意思を有していたとしても、その交換比率が不公正であると考えた場合には株式交換に反対することになるところ、このような反対株主がその有する株式の経済的価値に応じた投下資本を回収するための手段は、株式買取請求すること以外に存在しないものと考えられる。」

「（…）反対株主の株式買取請求権は、反対株主に対し、完全親会社及び完全子会社からの離脱を認め、投下資本回収手段を付与することにあるところ、株式交換において株式交換比率が常に公正に定められるとは限らないことに照らせば、反対株主の保有していた株式が株式交換により完全親会社となる会社の新株に当然に変更されると解することは、株式買取請求をした反対株主の合理的意思に反するばかりでなく、反対株主に株式買取請求権を認めて投下資本回収手段を付与した趣旨を没却するおそれがある。」

(2)次段「また、完全子会社となる会社の株式を有する反対株主が株式買取請求をした後、完全子会社となる会社と反対株主との間で株式買取価格

について協議することになるが、反対株主と完全子会社となる会社の間で株式交換に関する株主総会の承認決議の日から60日以内に株式買取価格について協議が調わなかったときは、その期間経過後30日以内に、裁判所に対し株式買取価格の決定を請求することができることとされている（旧商法345条2項において準用する245条の3第4項）。仮に、反対株主による株式買取請求について株式買取価格に関する協議が調わない状態のまま株式交換の日が到来した場合に、反対株主の保有する株式に対しても株式交換の効力が及び、完全親会社となる会社の株式が割り当てられるとすると、完全子会社となる会社の株式について株式買取請求をした意味が失われることになる。」

　⑵次々段「反対株主が株式買取請求をした後に株式交換の効力が発生した場合には、株式交換の効力のうち完全親会社となる会社の株式が割り当てられるという効力は株式買取請求の対象とされた株式には及ばず、株式買取請求の対象となる株式は、その株式が株式交換の効力の発生によって完全子会社となる会社を経て完全親会社となる会社に移転するとしても（…）完全子会社となる会社の株式のままであり、そのことを前提として株式買取価格の協議が行われることとなると解するのが相当である。」と理由を述べた上で、結論として、「⑷カ　以上の事実関係に照らすと、本件合意書は、原告がした本件株式買取請求に基づき、本件B株式（注：元々原告が保有していた完全子会社株式）の譲渡に関する合意を記載したものと認めるのが相当である。」「⑸エ　以上のとおり、本件合意書は本件株式買取請求に基づき本件B株式の買取価格を合意したものであり、本件株式譲渡の対象は本件B株式であると認められる。」と判示しました。

　続けて、譲渡損益を計上すべき時期について、

　「⑹　法人税法61条の2第1項は、内国法人が有価証券の譲渡をした場合に、その有価証券の譲渡に係る対価の額がその有価証券の譲渡に係る原価の額を超えるときはその超える部分の金額を譲渡利益額とし、その有価

証券の譲渡に係る原価の額がその有価証券の譲渡に係る対価の額を超える
ときはその超える部分の金額を譲渡損失額とし、その譲渡に係る契約をし
た日の属する事業年度の所得の金額の計算上、益金の額又は損金の額に算
入する旨規定しているところ、同項一号によれば、法人税法24条1項の
規定により同法23条1項一号の受取配当等の益金不算入に掲げる金額と
みなされる金額がある場合には、そのみなされる金額に相当する金額を控
除した金額をその有価証券の譲渡に係る対価の額とするものとされている。」
と判示しました。

　争点2の株式譲渡損益の算入時期：株式の譲渡がいつであるか（株式交
換契約の効力発生日か譲渡合意日か）について、東京地裁は、

「第3　当裁判所の判断」「2　争点(2)（本件株式譲渡に係る譲渡損益の算入
　時期）について」において

「(2)　法人税法61条の2第1項において、有価証券の譲渡に係る譲渡利
益額又は譲渡損失額が『その譲渡に係る契約をした日』の属する事業年度
の所得の金額の計算上、益金の額又は損金の額に算入することとされてい
る趣旨は、有価証券の譲渡については、企業会計上も、売買契約の約定日
に有価証券の得喪があったものと認識すべきものとされており、税法上も、
当該有価証券の譲渡に係る契約が成立したときにその譲渡に係る所得も実
現したものといえることにあると考えられるところ、(…) 本件合意が締
結され、本件株式譲渡価額が支払われたのは平成18年3月10日であるか
ら、本件株式譲渡について『その譲渡に係る契約をした日』は同日であり、
本件株式譲渡に係る譲渡損益額は、同日の属する事業年度である平成18
年5月期の所得の計算上、益金又は損金の額に算入しなければならないと
いうべきである。」

「(4)　したがって、本件株式譲渡について『その譲渡に係る契約をした
日の属する事業年度』とは、本件合意書の作成日及び本件株式譲渡の対価
が支払われた日が本件株式譲渡に係る契約をした日となると解すべきであ

る。」

と判示しました。つまり、譲渡の日は、株式交換の日ではなく、買取請求
に係る合意の日とされました。

　なお、高裁の判決は、株式譲渡に係る譲渡損益の算入時期について若干
の補正を加えつつ、全面的に原判決を引用しており、みなし配当額の帰属
時期について、「第3　当裁判所の判断」「2　本件株式譲渡に係る譲渡損
益の算入時期について」の「(2)　原判決57頁4行目の次に行を改めて次
のように加える。」において、

　「(6)　なお、法人税法24条1項四号（注：現行法人税法第24条第1項第
五号）に規定されている『自己の株式の取得』により生じたみなし配当額
の帰属時期については、自己株式の取得の事実があった日の属する事業年
度の収益になると解されるところ、」完全子会社とその株主との間で締結
した合意書をもって完全子会社との間で完全子会社の株式を取得している
ことから「本件みなし配当額は、同日の属する平成18年5月期の収益と
なる。」と判示しました。つまり、みなし配当額の帰属時期についても買
取請求の合意の日とされました。

　この判決は、会社法第786条第5項（現行の会社法第786条第6項）に株
式買取請求があった場合において同法第6項に「株式買取請求に係る株式
の買取りは、効力発生日に、その効力を生ずる。」と規定されていること
から、この点が不明であった旧商法の解釈についても、現会社法と同様に
解釈したものです。本件では、株式交換契約の効力発生日前に株式の買取
請求の効力が発生しているので、本件株式譲渡は、買取請求すなわち有価
証券の譲渡契約の合意が成立した時、すなわち、本件合意成立日（平成18
年3月10日）とされました。

　最後に、本判決と、本問のテーマである株式交換反対株主による株式買
取請求の結果生ずるみなし配当との関連を再整理すると、本判決は、まず、
完全子会社となる会社へ買取請求した株式は、完全親会社株式ではなく、

完全子会社となる会社の株式であるから、みなし配当が生じ、株式譲渡損益の計上及びみなし配当の収益計上の時期は、買取請求を合意した日の属する事業年度と判示していますので、本問においてもその計上時期を、買取額について合意した日（買取りに合意した日）としたものです。

ケース 8 ▶組織再編成④−合併：共同事業要件

Q 14　当社は、近年激化する技術力開発競争で優位に立つため、子会社との合併、会社分割など組織再編成を計画していますが、現在具体的に計画している子会社には過去の開発での欠損金が残っており、これが新規開発投資への足かせとなっています。そこで、これを解消し、資金的に余裕のある親会社である当社が主体となって開発を進めようと考えています。

　しかし、最近、国税当局による組織再編税制調査において繰越欠損金の引継ぎに関して否認が相次いでいると聞き及んでいます。どこに問題があるのでしょうか。

　ちなみに、当社は5年前に他社から子会社株式の80%を譲り受け、その2年後に株式を買増しして100%子会社としています。欠損金の発生は7年前からで、以後4年間にわたって発生した結果、累積160億円となり、その後は事業も軌道にのって現在は100億円となっています。100%子会社になってからは、当社の社長が両社の社長を兼務して今日に至っています。

A　繰越欠損金引継ぎが否認された事例は確かにあります。事実関係は様々ですが、そこで問題とされた共通項は、適格組織再編成の形を取りながら制度の趣旨を逸脱し濫用したと認定され、法人税法第132条の2（組織再編成に係る行為又は計算の否認）が適用されている点です。

　貴社は、3年前に100%完全支配関係を構築し、同じく3年前から貴社の社長が子会社の代表者も兼務していることから、適格合併である限り子会社を吸収合併して100億円の繰越欠損金を引き継いだ

としても、税務調査において法人税法第132条の２の適用を受けて否認されることはないと考えます。

解 説

（1）法人税法第132条の２による否認理由

他の設問でも触れたように、組織再編成における繰越欠損金に関しては法人税法第57条第２項において「（…）当該内国法人の各事業年度（…）において生じた欠損金額とみなす。」規定があります。本問もこのみなし規定をめぐる問題として取り上げました。

法人税法では同法第62条（合併及び分割による資産等の時価による譲渡）で、基本的に組織再編成（合併及び分割）により移転する資産等について、その時の時価により譲渡損益を計上することになっています。

しかし、適格合併については、法人税法第62条の２において、簿価譲渡が認められ譲渡損益を認識する必要がありません。

さらに、同法第57条第２項では適格合併が行われた場合については、繰越欠損金が一定の条件はあるものの引継ぎが認められ「（…）当該内国法人の各事業年度（…）において生じた欠損金額とみなす。」とされています。

同時に、組織再編成に関しては包括的否認規定である法人税法第132条の２（組織再編成に係る行為又は計算の否認）が定められています。したがって、適格合併といえどもこの包括的否認規定に抵触すれば、繰越欠損金の引継ぎは認められません。本問は、適格合併における欠損金の引継ぎ（法法57②）をめぐって、この包括的否認規定の適用があるか、そのリスクを問う設定です。

この包括的否認規定第132条の２の立法趣旨について、最高裁は、平成28年２月29日の、いわゆるヤフー事件判決において「組織再編成は、そ

の形態や方法が複雑かつ多様であるため、これを利用する巧妙な租税回避行為が行われやすく、租税回避の手段として濫用されるおそれがあることから、法132条の2は、税負担の公平を維持するため、組織再編成において法人税の負担を不当に減少させる結果となると認められる行為又は計算が行われた場合に、それを正常な行為又は計算に引き直して法人税の更正又は決定を行う権限を税務署長に認めたものと解され、組織再編成に係る租税回避を包括的に防止する規定として設けられたものである。」と説示しています。

そして、平成26年3月18日の東京地裁判決（ヤフー事件第1審）は、想定される組織再編成を利用した租税回避行為の例として、平成12年10月の税制調査会の基本的考え方を引用して紹介しています。

① 繰越欠損金や含み損のある会社を買収し、その繰越欠損金や含み損を利用するために組織再編成を行う。

② 複数の組織再編成を段階的に組み合わせることなどにより、課税を受けることなく、実質的な法人の資産譲渡や株主の株式譲渡を行う。

③ 相手先法人の税額控除枠や各種実績率を利用する目的で組織再編成を行う。株式の譲渡損を計上したり、株式の評価を下げるために、分割等を行う。

もちろん、租税回避行為の類型としてはこれらに限られることはなく、想定外の類型にも対処できるよう、包括的否認規定が設けられたということでしょう。

最高裁判決は、法人税法第132条の2にいう「法人税の負担を不当に減少させる結果となると認められるもの」とは、「法人の行為又は計算が組織再編成に関する税制に係る各規定を租税回避の手段として濫用することにより法人税の負担を減少させるものであることをいうと解すべき」とし、その濫用の有無の判断に当たっては、

「① 当該法人の行為又は計算が、通常は想定されていない組織再編成の

手順や方法に基づいたり、実態とは乖離した形式を作出したりするな

ど、不自然なものであるかどうか

②　税負担の減少以外にそのような行為又は計算を行うことの合理的な

理由となる事業目的その他の事由が存在するかどうか等の事情を考慮

した上で、当該行為又は計算が、組織再編成を利用して税負担を減少

させることを意図したものであって、組織再編税制に係る各規定の本

来の趣旨及び目的から逸脱する態様でその適用を受けるもの又は免れ

るものと認められるか否かという観点から判断するのが相当である。」

と説示しました。

ヤフー事件判決についてもう少し詳しく見てみましょう。

なぜ、ヤフー事件の組織再編成において法人税法第 132 条の 2（組織再編成に係る行為又は計算の否認）規定により否認されたのか、判決の内容の主要な判断部分を抜粋しますので、参考にしていただきたいと思います。

まず、事件の核心的問題個所です。

上告人（納税者）は、本件合併の際に上告人の代表取締役社長であった丙が C 社の取締役副社長に就任していたため、特定役員引継要件を満たしており、事業関連性要件も満たしていることからみなし共同事業要件に該当するとして、本件欠損金額を上告人の欠損金額とみなして、これを損金の額に算入し、本件事業年度に係る法人税の確定申告を行ったというもので、形の上では特定役員引継要件を満たしていました。

以下、事件の主要な判断部分を最高裁の判決から引用します。

＜第 1　事案の概要・2　関係法令の定め等＞

「(1)　法 57 条 1 項は、確定申告書を提出する内国法人の各事業年度開始の日前 7 年以内（現行では 10 年、以下同じ）に開始した事業年度において生じた欠損金額がある場合には、当該欠損金額に相当する金額は、当該各事業年度の所得の金額の計算上、損金の額に算入する旨規定する。

同条 2 項は、適格合併が行われた場合において、被合併法人の当該合

併の日前7年以内に開始した各事業年度（以下「前7年内事業年度」という。）
において生じた未処理欠損金額があるときは、合併法人の当該合併の日
の属する事業年度以後の各事業年度における同条1項の規定の適用につ
いては、当該前7年内事業年度において生じた未処理欠損金額は、それ
ぞれ当該未処理欠損金額の生じた前7年内事業年度の開始の日の属する
当該合併法人の各事業年度において生じた欠損金額とみなす旨規定する。

　同条3項は、適格合併に係る被合併法人と合併法人との間に特定資本
関係（いずれか一方の法人が他方の法人の発行済株式又は出資の総数又は総
額の100分の50を超える数又は金額の株式又は出資を直接又は間接に保有す
る関係その他の政令で定める関係をいう。以下同じ。）があり、かつ、当該
特定資本関係が当該合併法人の当該合併に係る事業年度開始の日の5年
前の日以後に生じている場合において、当該合併が共同で事業を営むた
めの適格合併として政令で定めるもの（以下「みなし共同事業要件」とい
う。）に該当しないときは、同条2項に規定する未処理欠損金額には、
当該被合併法人の当該特定資本関係が生じた日の属する事業年度前の各
事業年度で前7年内事業年度に該当する事業年度において生じた欠損金
額（一号）等を含まないものとする旨規定する。

(2)　法人税法施行令（平成22年政令第51号による改正前のもの。以下『施
行令』という。）112条7項は、法57条3項に規定する政令で定めるも
の（みなし共同事業要件）は、適格合併のうち、①施行令112条7項一
号から四号までに掲げる要件又は②同項一号及び五号に掲げる要件に該
当するものとする旨規定する。

　同項一号は、適格合併に係る被合併法人の事業と合併法人の事業とが
相互に関連するものであること（以下『事業関連性要件』という。）を掲げ、
同項二号は、上記各事業のそれぞれの売上金額及び従業者の数、上記各
法人の資本金の額等の規模の割合がおおむね5倍を超えないこと（以下
『事業規模要件』という。）を掲げ、同項五号は、適格合併に係る被合併

法人の当該合併前における特定役員（社長、副社長、代表取締役、代表執行役、専務取締役若しくは常務取締役又はこれらに準ずる者で法人の経営に従事している者をいう。以下同じ。）である者のいずれかの者（特定資本関係が生じた日前において被合併法人の役員又はこれに準ずる者であった者で、同日においてその経営に従事していた者に限る。）と合併法人の当該合併前における特定役員である者のいずれかの者とが当該合併の後に当該合併法人の特定役員となることが見込まれていること（以下『特定役員引継要件』という。）を掲げている。」

と関係法令の規定内容を示した上で、

＜第 2　上告代理人〈A〉ほかの上告受理申立て理由第三について 3 (2)＞

「本件合併は（…）特定資本関係の発生（本件買収）から本件合併までの期間が 5 年に満たないため、本件合併により上告人が法 57 条 2 項に基づき（…）本件欠損金額を引き継ぐためには同条 3 項のみなし共同事業要件を満たさなければならず、さらに、本件合併において施行令 112 条 7 項二号の事業規模要件を満たすことは事実上不可能であったため、みなし共同事業要件を満たすためには同項五号の特定役員引継要件を満たさなければならない状況にあった。そして、本件では（…）本件副社長就任が、法人税の負担の軽減を目的として、特定役員引継要件を満たすことを意図して行われたものであることは、上記一連の経緯のほか、（…）各担当者の間で取り交わされた電子メールの『税務ストラクチャー上の理由』等の記載の（前記第 1 の 3 (5)、注：原審の適法に認定した事実関係）に照らしても明らかというべきである。」

＜第 2　上告代理人〈A〉ほかの上告受理申立て理由第三について 3 (3)後段＞

「これらの事情に鑑みると、（…）経営の中枢を継続的かつ実質的に担ってきた者という施行令 112 条 7 項五号の特定役員引継要件において想定されている特定役員の実質を備えていたということはできず、本件副社長就任は、」「取締役副社長としての在籍期間や権限等（…）にも鑑みると、

本件副社長就任につき、税負担の減少以外にその合理的な理由といえる
ような事業目的があったとはいい難い。」としました。

＜第2　上告代理人〈A〉ほかの上告受理申立て理由第三について4後段＞

「そうすると、本件副社長就任は、組織再編税制に係る上記各規定を租
税回避の手段として濫用することにより法人税の負担を減少させるもの
として、法132条の2にいう『法人税の負担を不当に減少させる結果と
なると認められるもの』に当たると解するのが相当である。」

と判示しました。

（2）「みなす」ためには課税事実の認定が重要

以上の判旨を誤解を恐れずに一口に要約すれば、繰越欠損金を合併法人
に引き継いで利用するために、上告人代表取締役を被合併法人の副社長と
して合併直前に送り込み、形ばかり特定役員引継要件をクリアして適格合
併の形を創出したため、制度を濫用したと認定されたということでしょうか。

上記判示要旨を踏まえて、改めてご質問の合併を点検してみると、本問
の会社同士は、5年前から完全支配関係にあり、合併に当たって適格性判
定の要素として共同事業要件（特定役員引継要件など）は求められず、法
人税法第2条第十二号の八イに規定する完全支配関係がある場合の適格合
併に該当すること、また、第二次組織再編成も予定されていませんから、
制度の濫用に当たるような行為はないと考えます。

こうしてみると、本みなし規定（法法57②）は、その解釈において実態
に即した事実認定がされ、その事実認定による課税上の効果が、通常、想
定されるものであるかが、同規定の適用を左右する重要な要因であるとい
えます。もっとも、本件のような包括的否認規定の適用をめぐっては、法
令上の発動基準が抽象的であることから、事前に安全弁を講じることは難
しいところがあります。立法としては、あらゆる想定外の事象に対応する
ためには、抽象的にならざるを得ないのでしょう。

ケース 9 ▶みなし役員

Q 15 当社は不動産賃貸業を営む同族会社です。代表取締役は創業者の次男が承継しています。ところで創業者の妻である A は過去に役員ではありましたが、現在は退任しており、当社は「相談役」としての報酬月額 100 万円を支払っています。ただし A は当社の株式を創業者から相続し、第一順位の株主グループとして本人は 55%所有しています。この場合当社は税務調査に際しては、単に A について使用人として月 100 万円の支払いの合理性を説明できる状況にしておけばよろしいのかお教えてください。

A 同族会社の場合、その使用人が一定の株式を所有しており、またその者が業務執行に関する意思決定、すなわち経営に参画している実態があれば「みなし役員」としての認定を受けます（法令 7 二）。

　認定された場合、その使用人に支給している給与については「役員報酬」とみなされ、相当な金額を超過する場合には、その超える部分の金額は損金不算入とされますので注意が必要です。

　具体的には、使用人 A が日頃の業務管理等から「みなし役員」に該当するとの認定を受ければ、次に月 100 万円の支給が、その職務に対する対価として相当か否かの判定がなされます。仮に相当と認められる金額を超えていると認定された場合、その相当額を超過する金額と、定款の規定等による支給限度額を超過する金額のいずれか多い金額が損金不算入となります（法 34 ②、法令 70 ロ）。

解　説

(1)「みなし役員」とは？

　みなし役員については、法人税法（施行令を含む）において「みなし」あるいは「みなす」の用語を用いて規定されてはいません。しかし裁決や判例においては「みなす役員」あるいは「みなし役員」の用語が用いられており、このことからみなし役員関係の規定もみなし規定と捉え、本書で取り上げることとしたものです。

　そこで、まずは関連する用語の定義について確認しておきたいと思います。

> ➡️**役員**：法人の取締役、執行役、会計参与、監査役、理事、監事及び清算人並びにこれら以外の者で法人の経営に従事している者のうち政令で定めるものをいう（法2十五）。

　法人税法の役員はこのように定義されていますが、一般的には、取締役、執行役、会計参与、監査役、理事、監事及び清算人を役員といいますので（会329、会施規2③三、会477①、一般社団・財団法人法209）、これら以外のものでこの法人税法の定義により役員とされる者が、いわゆるみなし役員となります。

> ➡️**役員の範囲**：法第2条第十五号（役員の意義）に規定する政令で定めるものは、次に掲げるものとする（法令7）。
>
> 一　法人の使用人（職制上使用人としての地位のみを有する者に限る。次号において同じ）以外の者でその法人の経営に従事している者
>
> 二　同族会社の使用人のうち、第71条第1項第五号イからハまで（使用人兼務役員とされない役員）の規定中「役員」とあるのを「使用人」と読み替えた場合に同号イからハまでに掲げる要件のすべてを満たしている者で、その会社の経営に従事しているもの

　つまり、法人税法施行令第7条に該当する者が、法人税法第2条第十五

号により「役員」と定義され、いわゆる「みなし役員」となります。あとは「経営に従事」しているか否かの判定です。

また役員とみなされる結果、派生する問題として、役員賞与、過大役員報酬、過大役員退職金の損金不算入規定の対象となります。

（2）法人税法施行令第7条第二号を受け対象となる者の一定の所有要件とは？

同族会社の役員のうち、次の3要件のすべてを満たして所有している者です（法令71①五）。

1．同族判定の基礎となった株主割合の合計が50％超に達するまでの範囲内の上位3位以内の株主グループに属していること
2．自己の属する株主グループの持株割合が10％を超えること
3．自己（配偶者及び自己が50％超を所有する関係会社を含む）の持株割合が5％を超えること

なお、所有割合とは、次の区分に応じて規定されています（法令71③）。

①　その株主等の有する株式の数または出資の金額の判定による同族会社➡その株主グループの有する株式の数または出資の合計額がその会社の発行済株式または出資の総数または総額のうちに占める割合
②　議決権の判定による同族会社➡その株主グループの有する議決権の数がその会社の議決権の総数または総額のうちに占める割合
③　社員または業務を執行する社員の数の判定による同族会社➡その株主グループに属する社員または業務を執行する社員の数がその会社の社員または業務を執行する社員の総数のうちに占める割合

ご質問の使用人Aは、所有株式55％の事実から上記所有株式要件に該当することとなります。次に、Aが先ほどの経営に従事（参画）しているか否かの判定に移ります。これについては下記の内容を総合勘案することとなっています。

相談役、顧問その他これらに類するもので その法人内における地位、そ

の行う職務等からみて他の役員と同様に実質的に法人の経営に従事していると認められるものに該当するかどうかの判定が必要です（法基通9－2－1）。具体的には、会社の経営方針に参画し、販売や製造計画、人事（任免や報酬の決定）や資金繰り等に自己の意思を反映させているか否かがポイントになると思われます。

(3) 参考判決

大阪高裁昭和52年第14号法人税更正処分等取消請求控訴事件（原判決変更・一部取消）（確定）昭和54年2月28日判決（TAINS コード Z104-4343）があります。

本件は、同族判定株主が当該同族会社の経営に従事している場合には、法人税法上役員とみなされ、同族会社の経営に従事する同族判定株主（いわゆるみなし役員）に対して支給した賞与につき損金算入が否認された事例ですが、「経営に従事」した実態については原審を引用しています。

原審は、神戸地裁昭和47年（行ウ）第19号更正処分等取消請求事件（一部取消・控訴）昭和52年4月22日判決（TAINS コード Z094-3985）です。

「同族会社の使用人のうち、その会社が同族会社であることについての判定の基礎となつた株主であるものでその会社の経営に従事しているものに該当するかどうか」について、原告会社内における職務、それに対する会社の待遇等からみて昭和40年頃には既に原告会社内における支配層たる地位を確立していたものと認めるのを相当とするから、その頃には前記法条に定める『経営に従事している者』として法人税法上の役員となつたというべきである」と判示し、具体的な経営従事の状況に関しては、

- ・代表者は亡父創業者の後を継いだが別会社にサラリーマンとして勤務しており、非常勤として変則形態をとらざるを得ず、他の一族の中には会社経営に従事する者はいなかった。
- ・判定対象者2名は、一度役員を退職した後も、代表者から経営に関す

る諸業務を委託されていた。具体的には、一名は代表取締役の印を預り、受注、契約締結、資材購入、集金、銀行取引、一般工具の採用・配置・給与額等の決定等を担当、もう一名は、受注、契約等について技術の点から補佐するとともに、技術者として装置等の計画・設計・外注管理、制作、据付試運転等の責任者となり外業・技術面の中枢を分掌していたと認定されています。

(4) 参考裁決例：該当性の判断

　請求人の使用人について経営に従事していたとは認められず、みなし役員には該当しないとして処分を全部取り消した事例（平成 28 年 3 月 31 日裁決、全部取消、裁決事例集 102 − 153）を見てみましょう。

　原処分庁は、現代表者 B が代表取締役に就任する前において、請求人の発行済株式の 50％を超える株式を所有していたところ、B が就任前に他社との業務委託契約書に代表取締役として署名押印している事実があり、B からの申述書の内容と相俟って「みなし役員」に該当するものとし、B への使用人給与を損金不算入の役員報酬として更正処分を行った。

　これに対して審判所は、業務委託契約書に署名押印した事実があるからといって、代表者でないものが契約当事者となっていたに過ぎず、その契約内容も重要な業務に係るものとはいえない。また原処分庁の根拠の一つである B の申述書による「実際は、自分がいろいろ切り盛りして、会社をやっていた」旨の主張について、これらの内容からは、いつの時点においていかなる役割を担っていたのかが必ずしも明らかではないところ、これを裏付ける証拠の収集がされていないことから、B が「経営に従事していたことを裏付けるものとまでは認めがたい」として更正処分を取り消しました。

　裁決及び判例から「経営に従事」の判定で具体的に取り上げられた事実は下記のとおりです。

- ・経営会議に出席して、指示命令を行っている事実
- ・使用人採用の専任、新商品の価格決定、仕入先の選定及び価格決定
- ・新規開店の決定、使用人給与の査定
- ・定例役員会に共同経営者として出席
- ・従業員の労務管理、監督官庁との折衝、官庁工事等の指名願いに関与
- ・不動産管理会社の選定、家賃等賃貸条件の決定
- ・実印銀行印の管理、債務引受契約の交渉参加、テナント入居可否の決定
- ・税務調査の事前準備のため税理士と打合せ、及び税務申告書の代表者欄に押印
- ・報酬は代表者を常に上回っている事実
- ・代表取締役は高齢で（役員ではない）次男が営業、商品の仕入れ、販売、回収業務を担当
- ・代表取締役退任後も常に「社長」と呼ばれていた事実

(5) 参考裁判例：規定の趣旨

　また「みなし役員」の（各種制限）規定趣旨については、前掲の大阪高裁判決要旨において次のように説明されています（大阪高裁昭和52年第14号法人税更正処分等取消請求控訴事件（原判決変更・一部取消）（確定））。

　「同族会社の役員が同族判定株主であるときは、その者に支給した賞与につき損金に算入しないこととする法規制をなした趣旨は、同族会社は一般に少数の株主によつて支配されており、所有と経営が結合されていて、少数株主による所謂お手盛の経理が行われることが多いため、法人税の負担を不当に軽減する傾向にあり、また役員が同族判定株主である場合自己及びその同族関係者の議決権を通じて会社の意思決定に支配権を及ぼし会社の配当、営業政策を左右する可能性が強いためにその者に対する賞与を本来の役員に対するそれと同視し、損金に算入しないこととしたものと考

えられる。」

　なお「みなし役員」と認定されれば、**Q14**「組織再編成④－合併：共同事業要件」の本文中「特定役員引継要件」にもそのまま当てはまることになります。

ケース10 ▶みなし寄附金

Q 16　私どもは公益法人（私立学校法第3条に規定する学校法人）で予備校を運営しています。税務申告については、従前は収益事業に該当するものはなかったので、公益事業としての報告を提出していました。しかし令和4年度からは、従来は校内生のみに限定していた夏期講習会、冬期講習会を校外生の参加も認めて実施することとしました。

　この事業での収益1,500万円は、法人税法施行令第5条に定める収益事業であり、税務申告の対象となると判断しました。なお、この1,500万円は公益事業部門での活動に資する予定ですが、同部門への寄附金となれば課税所得が軽減されるとの解説本がありました。

　具体的には、収益1,500万円については期末では公益事業部門への現預金の受入れはなされていませんが、同じ学校法人内での取引でもあり、いずれ行われる前提で下記の仕訳を行いました。

　借方：寄附金1,500万円　／　貸方：元入金1,500万円

　税務計算上では別表14(2)においてみなし寄附金額（寄附金支出前所得金額）を1,500万円として計算し、公益法人の控除額750万円の残額750万円を令和5年3月期の寄附金損金不算入額として確定申告したいと考えています。

　この経理処理でよろしいか伺います。

A　みなし寄附金の支出による軽減は単なる振替処理では認められません。現実に収益事業部門に属する資産を公益事業部門に支出した上で、これについて公益事業部門の資産であることを明確に区分経理し、その資産がその公益事業のために使用されることが明

らかになっていなければなりません。したがって貴法人の経理は、い
まだ収益事業部門から公益事業部門に支払いを予定している過程の段
階であり、みなし寄附金の規定の適用はできません。

　令和 5 年 3 月期については、課税所得 1,500 万円で確定申告する
必要があります。

解　説

（1）寄附金の損金算入の規制

　法人が各事業年度において支出した寄附金の額の合計額が一定の金額
（損金算入限度額）を超える場合には、その超える部分の金額は税法上損金
の額に算入されないこととなっています（法 37 ①）。

（2）公益法人等の「みなし寄附金」とは

　公益法人等は「収益事業」として規定された事業を行う場合に限り、そ
の収益事業から生じた所得についてのみ法人税が課税されることとなって
います（法 4 ①）。

　また公益法人等の場合、収益事業によって稼得した資金等は収益事業以
外の事業（以下、「公益目的事業」または「公益事業」という）に使用するこ
とが常態となっていますので、収益事業資産のうちから公益目的事業のた
めに支出した金額がある場合、これを収益事業に係る寄附金とみなして損
金算入するとともに、その寄附金の損金限度額計算をすることとされてい
ます（法 37 ⑤、法令 77 の 3）。

　つまり「みなし寄附金」は、公益法人等における収益事業部門と公益目
的事業部門とをあたかもそれぞれ別個独立した法人であると擬制し、大幅
な税の軽減が図られる制度です。したがって、その適用に当たっては質問
の例のように、

　　借方：寄附金　1,500万円　／　貸方：元入金　1,500万円

としただけでは、収益事業から公益事業に寄附金を支出すると同時に、公益事業から収益事業へ当該支出した額に相当する金額を元入金として受け入れたものですから、公益事業に属する資産として明確に区分したことにはならず適用されないこととされています（法基通15－2－4）。

　区分経理については「公益法人等及び人格のない社団等は、収益事業から生ずる所得に関する経理と収益事業以外の事業から生ずる所得に関する経理とを区分して行わなければならない」（法令6）と規定され、「令第6条《収益事業を行う法人の経理の区分》の『所得に関する経理』とは、単に収益及び費用に関する経理だけでなく、資産及び負債に関する経理を含むことに留意する」（法基通15－2－1）とされています。

　したがって、質問の場合、寄附金の支出ですから、区分経理というためには、現金または預金の収益事業から公益事業への移転（移動）が確認できることが必要でしょう。

　区分経理をしていない場合に、みなし寄附金に該当しないとされる取扱いについては明示の規定はありませんが、この点、区分経理をしていないと、収益事業から公益事業への支出（資産の移転・移動）が確認できないためと思われます。

　みなし寄附金は、「公益法人等がその収益事業に属する資産のうちからその収益事業以外の事業のために支出した金額」をみなし寄附金と規定しているところ、「支出（資産の移転・移動）」の事実が確認できないような経理の方法では適用が認められないということでしょう。

　また、「支出」とは、一般に組織体の外部への資産の流出を意味しますが、みなし寄附金規定における「支出」は、組織体の内部取引で組織体内部における会計間の振替に過ぎない資産の移転（移動）も「支出」として扱うものですから、外部への資産の流出でない、内部振替に過ぎない「支出」については、明確に資産の移転（移動）が確認できること、すなわち、区

分経理により確認できることが求められます。

　もっとも、法人税基本通達15－1－7の（注）において、「この場合、公益法人等（…）のその区分経理をした金額については、法第37条5項（公益法人等のみなし寄附金）の規定の適用がある。」とされていますので、「区分経理した金額についてはみなし寄附金に該当する」と明確に示されています。裏返せば、区分経理していない場合はみなし寄附金規定の適用はないといえないこともありません。

　法人税基本通達15－2－4は、たとえ収益事業から公益事業への支出を区分経理した場合であっても、一方で、その支出した金銭の額に見合う金額に相当する元入れがあったなどと経理した場合には、実質的に公益事業への支出がなかったものとされる旨規定しています。まして、区分経理をせず支出の事実が確認できないときにみなし寄附金規定の適用が認められないのは当然でしょう。

　区分経理をしている場合でも適用が認められない経理の流れを仕訳で示すと、次のとおりです。

　区分経理と支出：以下の仕訳で区分経理と収益事業会計からの支出が確認できます。

　　　　収益事業会計　借方：寄附金　／　貸方：A預金（収益事業勘定）
　　　　公益事業会計　借方：B預金（公益事業会計）／　受贈益

　しかし、続けて以下の経理（仕訳）をした場合には、本通達により実質的に収益事業からの支出はなかったものとされます。

　　　　収益事業会計　借方：A預金　／　貸方：元入金
　　　　公益事業会計　借方：収益事業勘定　／　B預金

　このように、たとえ区分経理をしており、資産の移動（移転）が確認できる場合であっても、上記の経理では支出と認められません。本通達はこの点を明らかにしています。

　質問の仕訳例は、上記仕訳例で収益事業会計において、A預金の貸借

表記を省略して一つの仕訳にまとめたと見ることもできるかも知れませんが、実際のところは収益事業から公益事業への資産の移転（移動）はなかったことによる仕訳と思われます。そうであれば支出と認められないのは当然の帰結ですし、加えて質問の仕訳例では資産の移転（移動）が確認できませんので、区分経理とは認められません。

なお、法人税基本通達15−2−4の「その一方において収益事業以外の事業から収益事業へその金銭等の額に見合う金額に相当する元入れがあったものとして経理する」のは「実質的に収益事業から収益事業以外の事業への金銭等の支出がなかったと認められる」場合の一例でしょうから、元入金受入れに限らず他の科目であっても収益事業からの支出に見合う金銭等の受入れがあれば、同様に実質的に支出はなかったものとされるでしょう。

（3）寄附金の損金算入時期とは

寄附金は贈与の一形態ですので、当事者間の契約で成立することになりますが、税法上は現金主義で、現実にその支払いがされるまでは、その支払いがなかったものとされています（法令78）。つまり現実の支払いがない限り寄附金には未払いが認められることはありません。

（4）寄附金の損金算入限度額とは

では、ここで寄附金の損金算入限度額について確認しておきます。ご質問の事案の場合、公益法人等・私立学校法第3条に規定する学校法人ということですから、その場合の損金算入限度額は以下のようになります。

$$\left. \begin{array}{l} 所得の金額 \times \dfrac{50}{100} \\[2ex] 年200万円 \end{array} \right\} いずれか大きい金額$$

したがってご質問の場合、1,500 万円 × $\dfrac{50}{100}$ で、みなし寄附金が適用されれば寄附金損金算入限度額は計算のとおり 750 万円となります。

（5）裁決・判例事例

・**公益法人等が収益事業から公益事業へ支出した金額につき、これと見合う金額を元入金として受け入れているときは、いわゆるみなし寄附金に当たらないとした事例**（平成 2 年 3 月 8 日裁決・裁決事例集第 39 集 297 頁）

　具体的に内容を概観します。なお、適用法令は裁決対象事業年度当時のものです（以下の事例について同じ）。

　納税者（請求人）は、収益事業として不動産賃貸業を営む宗教法人です。

　納税者（請求人）は、次のように仕訳した上で、

　　借方：寄附金　／　貸方：元入金

以下のように主張しました。

　「例えば、法人が役員への未払金を役員借入金とする振替仕訳をした場合には、法人が未払金を役員へいつたんは支払い、改めて当該役員から法人がそれと同額の借入れをしたものとされるのが通例であるから、請求人が行つた振替仕訳についても、本件寄付金の額を収益事業から公益事業へいつたんは支出し、改めて公益事業から収益事業へ元入れがあつたと解すべきである。

　したがつて、請求人が本件寄付金の額に相当する額の元入れがあつたと経理しても、この元入れの行為と本件寄付金の額を収益事業に属する資産のうちから公益事業のために支出した行為とは別個の行為であつて、そのことによつて本件寄付金の額を支出した行為が否定されるものではない。」

　これに対し審判所は、以下のように判示しました。

　「公益法人等が収益事業を営むのは、公益事業を行うために必要な資金を稼得するためであり、収益事業から生じた剰余金は、その公益事業のための資金として使用されるのが本旨であると考えられる。

　このため、法人税法第37条第4項においては、公益法人等が収益事業に属する資産のうちから公益事業のために支出する金額については、収益事業から直接外部に対して支出したもののほか、公益法人等の内部振替にすぎない収益事業から公益事業に対する支出も、その収益事業に係る寄付金の額とみなすこととしているものと解される（筆者注：みなし規定の意義）。

　また、法人税法上、公益法人等に対しては、収益事業から生ずる所得についてのみ課税対象とすることとしているので、公益事業に係る収入及び費用についても明確にする必要があり、法人税法施行令第6条（収益事業を営む法人の経理区分）において収益事業から生ずる所得に関する経理と公益事業から生ずる所得に関する経理とを明確に区分して経理することとしている（筆者注：区分経理の必要性）。そして、この区分経理については、損益計算に係る部分だけでなく、資産及び負債についても区分経理をする必要があると解される。

　そうすると、法人税法第37条第4項でいう収益事業から公益事業への資産の支出とは、現に収益事業に属する資産を公益事業へ支出して、これにつき明確に区分経理をし、かつ、その資産がその公益法人等の本来の事業のための資金として使用されることをいうものと解されるから、収益事業から公益事業へ資産を支出したとしても、直ちにその支出した資産の額に相当する金額を元入金として公益事業から収益事業へ受け入れたような場合には、法人税法第37条第4項にいう支出には当たらず、また、これにつき明確に区分経理をしたことにはならないから、当該収益事業から公益事業への支出額は、みなし寄付金の額には該当しないというべきである。」

　「（…）請求人は本件寄付金の額に関して借方寄付金及び貸方元入金とする経理処理をしているが、この経理処理は、収益事業から公益事業に本件寄付金の額を支出すると同時に、公益事業から収益事業に当該支出した額に相当する金額を元入金として受け入れたものであるから、公益事業に属する資産として明確に区分経理したことにはならず、請求人は、実質的に

収益事業に属する資産を公益事業のために何ら支出していないこととなる。」

・**収益事業における収益計上もれを認定した上で、原処分庁がみなし寄附金に
該当するとして行った更正処分に対し、みなし寄附金に該当しないとされた
事例**（平成 11 年 7 月 8 日裁決・裁決事例集第 58 集 149 頁）

　納税者（請求人）は、幼稚園等私立学校を経営する学校法人です。

　原処分庁は収益事業・不動産賃貸業における収益計上もれを指摘した上
で、みなし寄附金として所得計算を行って更正処分をしたのに対し、審判
所は、「請求人は、本件事業年度の収益事業に係る確定決算において、本
件賃料の額を収益事業以外の事業に属するものとして区分経理をしていな
かったのであるから、原処分庁が本件賃料の額をみなし寄附金の額として、
法人税法第 37 条第 2 項の規定を適用して所得金額を計算したのは誤りで
ある。」と判示しました。

　筆者注：収益事業における収益の計上もれは、みなし寄附金とする余地がな
いと思われます。

・**みなし寄附金の支出は単なる振替処理では認められず、収益事業から公益事
業への区分経理をする必要があるとされた事例**（平成 12 年 3 月 7 日裁決・
裁決事例集第 59 集 143 頁）

　本事例の納税者（請求人）は、収益事業として調査研究請負業及び不動
産賃貸業を営む学校法人です。

　納税者は寄附金を次のように仕訳した上で、

　　　　借方：寄附金　／　貸方：学校法人勘定（「元入金」勘定と同義と認定）

「法人税法第 37 条第 4 項及び法人税基本通達 15 － 1 － 7（収益事業の所
得の運用）の規定は、公益法人が収益事業部門の剰余資金について区分経
理し、損金算入限度内で振替処理することは、むしろ好ましい処理とし、
これを優先的にみなし寄付金として認める趣旨である。（…）公益法人に

おける収益事業部門は、通常小規模であり、現金を持たないのが実態である。したがって、本件寄付金についても、寄付金以外の人件費、借地代及びその他経費と同様に、収益事業・公益事業間の振替処理による損金算入を認めるべきである。」と主張しました。

これに対し、審判所は以下のように判示しました。

「公益法人等が収益事業を営むのは、公益事業を行うために必要な資金を稼得するためであり、収益事業から生じた剰余金は、その公益事業のための資金として使用されるのが本旨であると考えられる。

このため、法人税法第37条第4項においては、公益法人等が収益事業に属する資産のうちから公益事業のために支出する金額については、収益事業から直接外部に対して支出したもののほか、公益法人等の同一人格内における内部振替にすぎない収益事業から公益事業に対する支出も、その収益事業に係る寄付金の額とみなすこととしているものと解される（筆者注：みなし規定の意義）。

また、法人税法上、公益法人等に対しては、収益事業から生ずる所得についてのみ課税対象とすることとしているので、公益事業に係る収入及び費用についても明確にする必要があり、法人税法施行令第6条（収益事業を営む法人の経理区分）において収益事業から生ずる所得に関する経理と公益事業から生ずる所得に関する経理とを明確に区分して経理することとしている（筆者注：区分経理の必要性）。

そして、この区分経理については、損益計算に係る部分だけでなく、資産及び負債についても区分経理をする必要があると解される。

そうすると、法人税法第37条第4項でいう収益事業から公益事業への資産の支出とは、現に収益事業に属する資産を公益事業へ支出して、これにつき明確に区分経理をし、かつ、その資産がその公益法人等の本来の事業のための資金として使用されるものをいうものと解されるから、収益事業から公益事業へ資産を支出したとしても、直ちにその支出した資産の額

に相当する金額を元入金として公益事業から収益事業へ受け入れたような場合には、法人税法第 37 条第 4 項にいう支出には当たらず、また、これにつき明確に区分経理したことにはならないから、当該収益事業から公益事業への支出額は、みなし寄付金の額には該当しないというべきである。」

「（…）請求人は本件寄付金の額に関して借方寄付金及び貸方学校法人勘定（元入金）とする経理処理をしているが、この経理処理は、収益事業から公益事業に本件寄付金の額を支出すると同時に、当該支出した額に相当する金額を公益事業から収益事業へ元入金として受け入れたものであるから、公益事業に属する資産として明確に区分したことにはならず、請求人は、実質的に収益事業に属する資産を公益事業のために何ら支出していないこととなる。」

・**原処分庁が一部収益事業と認定した上で利益相当額をみなし寄附金とした更正処分について、収益事業に利益は生じていないが、仮に生じていたとしてもみなし寄附金に該当しないとされた事例**（平成 23 年 3 月 23 日裁決・TAINS コード F0-5-118）

納税者（請求人）は、売店事業等を営む宗教法人です。

祈願料（非収益事業）の他は、売店事業（物品販売業）、無利息貸付（金銭貸付業）、コピーサービス（印刷業）、食堂事業（その他の料理店業）、電話サービス（通信業）、電柱敷地料（不動産賃貸業）いずれも収益事業と認定した上で、原処分庁が、収益事業の利益をみなし寄附金として所得計算したのに対し、審判所は、収益事業から利益は生じておらず、仮に生じたとしても区分経理していないからみなし寄附金は生じないと判示しました。

第II部

消費税法と
みなし規定

第 1 章

みなし譲渡

Q 17 私は個人で建設業と不動産貸付業を営んでいましたが、建設業については法人化することにして X1 年 10 月株式会社を設立、事業を引き継いで代表取締役に就任しました。設立後 5 か月ほど経過した X2 年 3 月、会社の資金繰りの目処がたったことから個人建設業で使用していた倉庫兼用事務所である土地建物を会社に譲渡しました。設立から譲渡までの間も会社で使用していましたが、賃料の授受はなく無償でした。不動産賃貸業は引き続き個人で営んでいますが、個人建設業については法人設立に伴って X1 年 10 月事業を廃止し「事業廃止届」を提出しました。

　個人消費税の申告に関して、個人建設業を廃止した X1 年 10 月の時点で、建設業の用に供していた土地建物は事業用資産に当たらないことになるので、「家事のために消費又は使用した」こととなり、みなし譲渡となります。X2 年は前年に個人建設業を廃止しており、住宅の賃貸は非課税なので個人消費税の申告をしませんでした。何か問題があるでしょうか。

> **A**　X2年は課税資産の譲渡等がなければ消費税の申告をしなくても差し支えありませんが、個人建設業で使用していた土地建物の譲渡は、個人建設業の付随行為に当たり課税資産の譲渡等となりますので、譲渡したX2年分は消費税の申告が必要となります。
>
> 　「みなし譲渡」に関しては、個人建設業を廃止したといっても使用していた土地建物を譲渡引渡ししたのがX2年3月ですから、それまでは個人建設業は継続していたとみられ、また会社への譲渡ですから、家事のために消費、使用した場合に当たらずみなし譲渡とはなりません。

解　説

第1節　個人課税事業者のみなし譲渡

（1）みなし譲渡の適用解釈

　本問は消費税「みなし譲渡」規定適用の有無について判断した平成14年10月8日裁決を土台として考察してみます。なお本裁決では、納税者のみなし譲渡に該当する旨の主張は認められませんでした。

　では、その理由はどのようなものだったのでしょう。

　まず、みなし譲渡は消費税法上、以下のように規定されています。

《消費税法第4条第5項》

➡次に掲げる行為は、事業として対価を得て行われた資産の譲渡とみなす。

　　一号　個人事業者が棚卸資産又は棚卸資産以外の資産で事業の用に供していたものを家事のために消費し、又は使用した場合における当該消費又は使用

　　二号　法人が資産をその役員（法人税法第2条第十五号に規定する役員

をいう。）に対して贈与した場合における当該贈与

　なお、個人事業を廃止した場合の事業用資産の取扱いについて、事業廃止届裏面やタックスアンサーに以下のように説明されています。

《事業廃止届裏面及びタックスアンサーNo. 6603》

➡個人事業者が事業を廃止した場合、事業の廃止に伴い事業用資産に該当しなくなった車両等の資産は、事業を廃止した時点で家事のために消費または使用したものとして、事業として対価を得て当該資産を譲渡したものとみなされ（みなし譲渡）、非課税取引に該当しない限り、消費税の課税対象となります。この場合、当該事業を廃止した時の当該資産の通常売買される価額（時価）に相当する金額を、当該事業を廃止した日の属する課税期間の課税標準額に含める必要があります（消法4⑤、28③一）。

　つまり個人事業を廃止した場合は、その事業用資産にはみなし譲渡の取扱いが適用され、その譲渡対価の金額は時価とされます。

　本事案では、消費税法第4条第5項第一号に規定する個人事業者における家事消費使用に該当するかどうかが焦点となります。該当するとしたならその譲渡はX1年であり、X2年の資産の譲渡等は非課税である住宅の賃料のみとなりますから、消費税の申告は不要となります。

　そこで、対象資産が個人建設業の用に供していた事務所建物であることから、判断の前提となる事実関係において、個人建設業がいつまで継続していたか、廃止の時期が検討されることになりました。

　廃業届は会社設立のX1年10月に提出されましたので、この届のとおり個人建設業の廃止がX1年10月であれば、事務所の譲渡以前なので上記取扱いのとおり、X1年のみなし譲渡となるでしょう。しかし、個人建設業の清算は使用していた事務所の譲渡引渡しまでは終了しておらず、個人建設業はX2年3月まで継続していたと認定されました。言い換えれば、

X1 年中は、個人建設業は廃止されておらず、みなし譲渡は生じていなかったとの認定です。

　この認定、すなわち、個人建設業は譲渡引渡しが完了した X2 年 3 月まで継続していたとの認定により、事務所の譲渡は個人建設業に付随して対価を得て行われる資産の譲渡で「資産の譲渡等」に当たるとされました（消基通 5 － 1 － 7 ⑶）。

　したがって、X2 年個人事業者としての消費税は、事務所の譲渡対価を課税資産の譲渡金額として申告をすることになります。

　この裁決を踏まえると、個人事業を廃止した場合その事業用資産は廃止した時点で家事のために消費または使用したものとしてみなし譲渡の取扱いが適用されますが（消法 4 ⑤一）、廃止の時期がいつになるか見極めが必要となります。本裁決では、事業廃止届が提出されてはいるものの、そこに記された「事業廃止年月日」が事業廃止日とされなかったことも注目に値します。事業廃止の時期は届出日等の形式によらず、あくまで実態により判断されるということでしょう。

関係法令等

　消法 4 ①、消法 4 ⑤、消令 2 ③、消基通 5 － 1 － 7

参考判決等

▶ 平成14年10月8日裁決

　➡ みなし譲渡／個人事業者の家事消費

「請求人は、××の設立の時点において、請求人が個人として営む建築業は廃業したとの前提に立ち、本件譲渡の時点においては、甲建物が請求人の事業の用に供している資産に該当しないことから、当該譲渡が付随行為に該当しない旨主張する。

　確かに、××の設立以後、請求人が個人として建築業の営業活動を行ってい

た形跡はなく、また、××が、甲建物をその設立から本件譲渡まで無償で使用していたことからすると、××の設立の時点で、請求人の個人としての建築業は廃業したかのようにも見える。

　しかしながら、通常、法人成りをするに当たって、その有する事業用資産を法人に引き継ぐ方法として、現物出資、譲渡、賃貸借又は使用貸借等によって、権利の設定又は移転が行われることからすると、請求人が法人成りを契機として個人事業を廃業したというためには、その有する事業用資産の法人への引継ぎが終了し、事業の清算が結了することが必要と解される。

　これを本件について見ると、（…）『売買及び引継契約書』に掲げる資産については、それを作成した平成9年10月の時点においては、××への引継ぎが終了しているものの、重要な事業用資産である甲建物については、その時点では、その権利関係や帰属について定められていなかったと認められる。」

　「さらに、上記事実に加え、本件譲渡が法人成りから5か月しか経っていない時期に行われたことも併せ考えると、××が甲建物を本件譲渡まで無償で使用していたのは、法人成りを完成させるまでの過渡的な措置として、事実上使用させていたにすぎないものというべきであり、本件譲渡は法人成り及び請求人が個人で営む建築業を清算するための一過程であると考えられるから、本件譲渡によって初めて法人成りが完成し、請求人の個人として営む建築業が廃業されたものと見るのが相当である。そうすると、本件譲渡までは、請求人は、個人として営む建築業を廃止したとはいえず、本件譲渡は、建築業に係る事業者である請求人が事業活動の一環として、又はこれに関連して、事業用資産を譲渡したものであると考えるのが相当である。」

　「また、請求人は、甲建物については、建築業を廃止した平成9年10月の時点で、みなし譲渡の規定が適用されるべき旨主張する。しかしながら、（…）請求人が個人で営んでいた建築業は、少なくとも、本件譲渡の時点までは廃止されたとはいえないことから、この点に関する請求人の主張は理由がない。」

第 **2** 章

みなし仕入率

Q 18　私は歯科技工所を営んでいます。事業の内容は、歯科医師との間の歯科補てつ物等の製作納入に関する契約に基づき、自ら原材料を仕入れ、歯科医師の指示書に従って、患者の歯の石こう型に適合する歯科医療用の補てつ物等を製作し、歯科医師に納品するものです。また、修正、作り直しが必要な場合であっても、専ら歯科医師の指示に従って修正、作り直しをします。

　消費税の申告は、簡易課税制度を選択していますが、事業区分を第3種事業（製造業）で申告したいと思います。簡易課税制度選択届出書の事業区分欄も第3種事業と記載して提出しました。問題があるでしょうか。

A　業務の内容から判断すると、事業区分は第3種事業（製造業）ではなく第5種事業（サービス業）に該当すると考えられます。

　消費税法基本通達13－2－4（第3種事業、第5種事業及び第6種事業の範囲）において、それぞれの事業の範囲は、おおむね日本標準産業分類の大分類に掲げる分類を基礎として判定することとされており、サービス業等として大分類の「医療、福祉」が掲げられているところ、日本標準産業分類（平成25年10月改訂・第13回改訂）によると、歯科技工所は、「大分類 P- 医療、福祉」の「中分類830 医療に

付帯するサービス業・8361」に分類されています。

　なお事業区分は、簡易課税制度選択届出書の記載内容には拘束され
ません。

解　説

第 **1** 節　簡易課税制度

（1）みなし仕入率について

　中小事業者の仕入れに係る消費税額の控除の特例、いわゆる簡易課税制
度においては、消費税法第37条第1項で、課税標準に対する消費税額か
ら控除することができる課税仕入れ等の税額の合計額は、同項第一号及び
第二号の合計額とされ、これを仕入れに係る消費税額とみなすとされてい
るところ、この第一号の金額は、課税標準額の100分の60とされており、
政令（第57条）により業種毎にこの率が定められていることから、裁決
判決においてもこの率を「みなし仕入率」と呼称しています。本則課税で
は、課税標準に対する消費税額から控除することができる課税仕入れ等の
税額は実額です。

　現行法令による事業区分と仕入率は以下のとおりです。

事業区分	みなし仕入率
第1種事業（卸売業）	90%
第2種事業（小売業、農業・林業・漁業（飲食料品の譲渡に係る事業に限る））	80%
第3種事業（農業・林業・漁業（飲食料品の譲渡に係る事業を除く）、鉱業、建設業、製造業、電気業、ガス業、熱供給業および水道業）	70%
第4種事業（第1種事業、第2種事業、第3種事業、第5種事業および第6種事業以外の事業）	60%

第 5 種事業（運輸通信業、金融業および保険業、サービス業（飲食店業に該当するものを除く））	50%
第 6 種事業（不動産業）	40%

（国税庁「タックスアンサー№ 6505 簡易課税制度」より）

　このように簡易課税制度において事業区分毎に定められた仕入れに係る消費税額算定の基となる率をみなし仕入率といいますが、みなし仕入率をめぐる争点は、みなし仕入率が事業区分毎に定められていることから、事業区分をめぐる争いともいえます。

（2）事業区分をめぐる解釈

　さて、ご質問の歯科技工所の事業区分に関しては、裁決 2 例、判例が 1 例（地裁・高裁・最高裁）あり、いずれも第 3 種事業（製造業）とした納税者の主張は認められず、第 5 種事業サービス業と認定されています（いずれの事案も事業区分、みなし仕入率は争い当時のもの）。

　まず、判例の内容を詳しく見てみましょう。大きな流れとして一審地裁判決では納税者主張が肯定されましたが、二審高裁判決で逆転、納税者主張は否定され、最高裁判決は上告不受理で二審判決の納税者主張否定が確定しています。

①　名古屋地裁平成17年6月29日判決・被告（課税庁）控訴

　本件では、原告納税者➡ 3 種製造業（みなし仕入率 70%）、課税庁➡ 5 種サービス業（同 50%）をそれぞれ主張しました。

　原告納税者の営む事業内容➡自ら原材料を仕入れ、歯科医師の指示書に従って、患者の歯の石こう型に適合する歯科医療用の補てつ物等を製作し、歯科医師に納品する。また、修正、作り直しが必要な場合であっても、専ら歯科医師の指示に従って修正、作り直しをする。すなわち、原告は、歯科医師との間で歯科補てつ物等の製作納入に関する契約を締結しているの

であって、患者との間には何ら契約が締結されることはない（著者部分編集）。

　原告納税者の業務内容が以上のようなものであるところ、課税庁が当時の消費税法基本通達13－2－4（第3種事業及び第5種事業の範囲）により、日本標準産業分類に基づく事業区分に従って第5種サービス業と認定し、日本標準産業分類は、社会通念に基づく客観的なものであり、一般性・普遍性を有しているとし、日本標準産業分類以外に、より合理的な他の基準は見当たらないと主張したのに対し（現行基本通達も日本標準産業分類による区分を規定）、判決は、日本標準産業分類が、歯科技工所をサービス業ないしサービス業としての性格を有する医療業と分類することは合理性を有するとはいえず、本件事業は、原材料を基に患者の歯に適合するように成形した補てつ物を納入し、これの対価として一定の金員を受け取るという内容であり、有形物を給付の内容とすることが明らかであるから、本件事業が製造業に当たると解するのが相当である、と判示しました。要点は、日本標準産業分類に基づく事業区分を否定したことです。

②　名古屋高裁平成18年2月9日判決・被控訴人（納税者）上告（最高裁平成18年6月20日・上告不受理決定）

　控訴審では、被控訴人（納税者）の第3種製造業との主張を退け、課税庁主張のとおり第5種サービス業と認定しました。判決の要点は、日本標準産業分類による事業区分に関して、日本標準産業分類に代わる合理的な産業分類基準がなく同分類によることの合理性を否定できないと判示した点です。

　以下、日本標準産業分類による区分を容認した理由を要約します。

　租税法律主義の原則から、実態法上課税要件について明確かつ一義的であることが望ましいことであることはいうまでもないが、社会生活上の事象は千差万別であり、特に、納税者の自由な経済活動等による多様な形態による事業、取引等がなされることを前提にすると、それらのすべてを法

律により一義的に規定し尽くすことは不可能であるとした上で、租税法規の解釈については、当該法令が用いている用語の意味、内容が明確かつ一義的に解釈できるかを検討することができない場合には立法の趣旨目的及び経緯、税負担の公平性、相当性等を総合考慮して検討した上、用語の意味、内容を合理的に解釈すべきであるとしています。

　その前提で、消費税法施行令第57条の規定内容をみるに、第3種事業及び第5種事業に属する各事業自体の内容を明らかにした定義規定は存在せず、「製造業」または「サービス業」自体の意味内容が法令によって明らかにはされていないとされています。

　そこで、製造業、サービス業の意味内容ないし用語例について、様々な文献の表現を取り上げた上で、必ずしも一義的に解釈することが可能なほど明確な概念とまではいえないというべきであるとしました。

　次いで、「製造業」または「サービス業」のいずれに該当するかを判断するに当たっては、消費税法、特に消費税簡易課税制度の目的及び立法経緯、税負担の公平性、相当性等についても検討する必要があるとして、簡易課税制度立法趣旨等、消費税法関連通達の改正経緯趣旨、日本標準産業分類の制定経緯等に触れた上で、日本標準産業分類について、本来、統計上の分類の必要から定められたものではあるが、日本における標準産業を体系的に分類しており、他にこれに代わり得る普遍的で合理的な産業分類基準は見当たらないことなどから簡易課税制度における事業の範囲の判定に当たり、同分類によることの合理性は否定できないと判示しました。

　なお、本事案の対象課税期間は平成12年10月期、平成13年10月期、平成14年10月期ですが、当時、日本標準産業分類は平成14年3月に改訂されており、改正前、歯科技工所は「大分類Lサービス業」に分類されていたことから、事業区分もサービス業に該当するとされ、改訂後は、「大分類N医療、福祉」に分類されているものの、課税仕入れの構成比は製造業70.7％、歯科技工所が42％であることから（TKC経営指標・平成13

年度版）、歯科技工所をサービス業に分類することに不合理性はないとされています。ちなみに日本標準産業分類の最新版は平成25年10月改訂（第13回改訂）で、歯科技工所は「大分類P-福祉医療」の「中分類830医療に付帯するサービス業・8361」に分類されています。平成25年10月改訂（第13回改訂）前の改訂は、平成19年11月改訂（第12回改訂）ですが、ここでも「大分類P-医療、福祉」「中分類83医療業」の「836医療に付帯するサービス業・8361」に分類されています。

③　平成31年4月15日裁決

　また、平成25年10月以降の最新（平31.4.15）裁決でも、歯科技工所はサービス業と判断しています。本裁決では、日本標準産業分類による事業区分に関して、日本標準産業分類における分類は、社会通念に基づく客観的なものであり普遍性を有しているといえるから、簡易課税制度を公平に適用するためには、この産業分類が有用であるといえ、ある事業が「製造業」または「サービス業」のいずれに該当するかを判断するに当たり、普遍性を有する合理的な基準として日本標準産業分類を用いることは相当であるといえる。したがって、「製造業」または「サービス業」のいずれに該当するかを判断するに当たり、おおむね日本標準産業分類の大分類に掲げる分類を基礎として判断する旨を定める消費税法基本通達13－2－4は、当審判所においても相当であると認められるとした上で、本件事業は、日本標準産業分類における区分では歯科技工所に該当し、日本標準産業分類上、大分類「P医療、福祉」に分類されるとし、サービス業と認定しました。

　なお、消費税法基本通達13－2－4においては、日本標準産業分類の「医療、福祉」はサービス業等に該当すると明記されています。

＊　　　　　　　　　＊

　参考までに、歯科技工所のほか、事業区分をめぐって争われた業種の例

には、以下のようなものがあります。これを見ても、多業種にわたり事業
区分をめぐる判定が多く争われていることがわかります。

参考判例等

➡裁決

会計業務・平 7.1.25 裁決・納税者主張否定

染色加工業・平 7.5.29 裁決・納税者主張否定

パンフレット等製造と版下製造・平 7.12.20 裁決・納税者主張肯定

幼稚園における給食・平 10.7.23 裁決・納税者主張否定

足場工事業・平 10.9.21 裁決・納税者主張否定

新車販売・平 11.3.15 裁決・納税者主張否定

パチンコ業・平 13.10.31 裁決・納税者主張否定

葬儀用の会葬御礼の葉書の印刷、遺影写真作成業務・
平 13.10.31 裁決・納税者主張否定

古紙回収業・平 14.7.31 裁決・納税者主張否定

労働者派遣業・平 14.9.30 裁決・納税者主張否定

自動車整備業・平 15.6.12 裁決・納税者主張否定

既製服プレス加工業・平 16.1.26 裁決・納税者主張否定

セキュリティ工事業・平 22.9.2 裁決・納税者主張否定

廃油回収業・平 23.6.3 裁決・納税者主張否定

ボーリング業務・試錐業・平 26.9.16 裁決・納税者主張否定

印刷業・平 28.5.18 裁決・納税者主張否定

委託契約に基づく飲食店経営・令 2.3.4 裁決・納税者主張否定

➡判決

建設業（とび・土工工事業）・平 12.3.29 大阪地裁確定・納税者主張否定

事務用品販売・平 13.3.27 福岡地裁控訴・納税者主張否定
　　　　　　　平 14.5.10 福岡高裁確定・納税者主張否定

悉皆業（きもの作りのあらゆることを請け負う職）

平 13.3.30 京都地裁控訴・納税者主張否定

平 15.5.8 大阪高裁棄却確定・納税者主張否定

CD 販売業・平 14.3.1 大阪地裁確定・納税者主張否定

自動車板金塗装業・平 14.7.19 熊本地裁確定・納税者主張否定

パチンコ業・平 15.2.7 新潟地裁控訴・納税者主張否定

平 15.12.18 東京高裁棄却確定・納税者主張否定

移動式クレーン等建設機械販売・平 15.2.7 前橋地裁控訴・納税者主張否定

平 15.6.26 東京高裁上告・納税者主張否定

平 15.11.7 最高裁・上告棄却

建売住宅販売業・平 15.3.5 さいたま地裁控訴・納税者主張否定

平 15.9.16 東京高裁上告・納税者主張否定

平 16.6.8 最高裁・上告棄却

労働者派遣業・平 16.2.19 大阪地裁棄却確定・納税者主張否定

労働者派遣業・平 16.3.3 大阪地裁棄却確定・納税者主張否定

移動式クレーン販売・平 17.9.30 前橋地裁棄却確定・納税者主張否定

各種織物の製造販売業・平 17.12.22 名古屋地裁控訴・納税者主張否定

平 18.5.16 名古屋高裁棄却確定・納税者主張否定

　みなし仕入率をめぐる争いの争点としては、事業区分及び日本標準産業分類によることの合理性判断が主なものですが、関連して帳簿書類の不提出（仕入控除不可）と帳簿書類を保存しない場合の関係、簡易課税制度選択不適用届出書の不提出の場合の本則課税適用の可否などがあるものの、事業区分が主な争点ではないのでここでは割愛します。

関係法令等

消法 37（中小事業者の仕入れに係る消費税額の控除の特例）

消令 57（中小事業者の仕入れに係る消費税額の控除の特例）

消基通 13 － 2 － 4（第 3 種事業、第 5 種事業及び第 6 種事業の範囲）

参考判決等（本文中に付記したもの以外）

▶**平成 13 年 2 月 8 日裁決**・歯科技工所・納税者主張否定

「イ　請求人は、歯科技工所の経営に関する業務を目的とする有限会社であり、歯科医師等から依頼を受けて、指示書に基づき、材料業者から購入した樹脂材を自己の機械（樹脂射出成形機、樹脂乾燥機）で熱加工して「形（かた）」にし、これにやはり業者から購入した人工歯やクラスプ等を結合させるなどして、自己の責任と計算において義歯を作成し、これを歯科医師等に納品していることについては、請求人と原処分庁との間に争いはなく、当審判所の調査の結果によってもこれを認めることができるところ、本件においては、簡易課税制度の適用上、これが第 3 種事業である製造業に該当するのか、それとも、旧施行令第 57 条第 5 項第四号に規定する第 4 種事業（平成 9 年 3 月期及び平成 10 年 3 月期について）、あるいは施行令第 57 条第 5 項第四号ハに規定する第 5 種事業であるサービス業（平成 11 年 3 月期について）に該当するのかが問題となる。

ロ　ところで、消費税法及び施行令は、製造業、あるいはサービス業の具体的内容について格別規定しておらず、したがって、各事業の範囲は、社会通念に照らしこれを判定するほかない。

　この点、消費税法基本通達 13 － 2 － 4 は、製造業とサービス業の範囲は、おおむね日本標準産業分類の大分類に掲げる分類を基礎として判定する旨定めるのであるが、そもそも通達は行政組織内部の規範にすぎず、納税者を拘束するものではないこと、そして、上記の通達自体、事業の範囲の判定について絶対的な基準を示しているわけではないことは、請求人の主張するとおりである。

　しかしながら、日本標準産業分類は、日本の産業に関する統計の正確性と客観性を保持し、統計の相互比較と利用の向上を図るために、統計調査の産業標準の基準の一として設定されたものであるから、その分類は社会通念に基づく客観的なものということができるのであって、簡易課税制度の公平な適用という観点からしても、当該日本標準産業分類の大分類に掲げる分類を基礎として、事業の範囲を判定することは、一応合理的なもの

ということができる。

　　そして、上記イのとおり、本件事業が歯科技工所の経営であることは争いがないところ、平成5年10月改訂の日本標準産業分類は、この歯科技工所を大分類L－サービス業、中分類88－医療業に分類しているのであって、これによれば、本件事業はサービス業に該当し、製造業には該当しないことになる。

ハ　なお、請求人は、材料を購入し、自己の責任と計算により義歯を作成し、これを納品しているのであるから、その作業工程からすれば、本件事業は、社会通念上、製造業というべきである旨主張する。

　　しかしながら、歯科技工は、免許を受けた歯科技工士でなければ、業として行うことができないとされ、また、設計、作成の方法、使用材料等が記載された指示書によらなければならないとされるのは、これを行うには相当高度な専門知識、技能・技術が必要とされるためだけでなく、歯科技工士は歯科医師の補助者として、歯科医療行為の一環としてこれを行うことによるものであるから、たとえ請求人において材料を購入し、その技術を駆使して義歯を作成しているとしても、本件事業の本質は、歯科医師が患者に対してする医療行為と同様、専門的な知識、技能等を提供することにあるということができ、以上からすると、本件事業は、社会通念上もサービス業に該当すると解するのが相当であって、請求人の主張には理由がない。」

第 Ⅲ 部

国税徴収法と
みなし規定

第 **1** 章

徴収分野における
私法との関わり方

第 **1** 節　国税徴収法における「みなす」という考え方

　徴収分野においても、「○○を○○とみなす」という規定は多く見られます。

　しかし、その用例はというと…国税徴収法（以下、「徴収法」という）第56条は、徴収職員は金銭を差し押さえたときは滞納税金を「徴収したものとみなす」としています。また、滞納処分と強制執行等との手続の調整に関する法律では、強制執行による差押えがされて供託がされた時に「交付要求があったものとみなす」（滞徴36の10）など、もっぱら滞納処分という手続でのテクニカルなもので、納税者の利害に直接に影響を及ぼすことはほとんどありません。

　では、徴収分野では課税にあるような「みなす」という考え方…例えばリースのように、用いられている私法上の形式は「賃貸借」ですが、税法を適用するときは合理性から「売買」に置き換えて、他の一般的な「売買」と同じ取扱いをする、といったことをしていないか…というと、徴収法の中で「みなす」という規定がなくても、同じことをしている場合（例えば「第二次納税義務など」）があります。ただし、そうしたケースを説明する前に、徴収分野における私法との基本的な関係を、まずは見ていくことにします。

第 2 節　滞納処分における「みなし」の基本姿勢

　相続税の物納など一部の例外は除いては、税金は金銭により納付するのが原則です（通34①）。ですから、滞納になっている税金も金銭で徴収しますが、その際に滞納者から強制的に徴収する「滞納処分」を行う場合にも、物での徴収はしません。必ず、滞納者の財産を強制的に売却（換価）して、金銭化することで税金を徴収します。すなわち滞納処分では、①滞納者の財産を、②公売（換価）という売買で金銭化するプロセスを踏みます。

　したがって、民法などが決めたルール（私法秩序）を無視して、税法でそれとは違うルールを作って滞納処分してしまうと、世の中が混乱します。例えば、滞納者に私法上の所有権がないにも関わらず「滞納者のものとみなして」差押えを行ったり、財産を公売して買受人のものとするときに、私法とは違うルールを持ち込むことはできません。

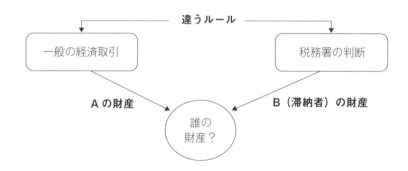

　その点で、課税は税の公平負担という点から、私法とは違うルールを税法で作って適用することを認めます。例として、先ほどのリースで考えて

みます。

　法人税法あるいは消費税法では、途中解約不可及び利益享受に関するフルペイアウト要件を満たすリース取引では、リース資産がリース会社からユーザーに引き渡された時に、リース資産の売買があったとみなします（法法 64 の 2 ①、消法 16 ①）。実質的には事業資産の取得ですが、減価償却するよりもリース料にしたほうが税効果や資金的に有利という判断があって、賃貸の形式にしています。

　しかし、賃貸料にするか資産計上するかで税の取扱いが異なってしまうので、公平な税負担という課税上の目的から、それを修正することをします。要するに、「私法上は賃貸借であることを無視して、租税法上は売買契約として取り扱う」（金子宏『租税法（第 24 版）』（以下、「金子・租税法」385 頁））のです。

　ところが、こうした「私法ルールの修正」を許す課税の姿勢が、同じように滞納処分でも可能になると、どうなるでしょうか？　リースに関していえば、経済取引の中でリース資産はリース会社に所有権があり、周りもリース資産はリース会社のものという前提で取引が行われます。そのときに、滞納処分もリース取引は売買だとみなして、ユーザーに帰属する財産として差押えを認めてしまう。リース資産を公売して所有権を移転する際にも、私法が決めている権利関係を無視する…私法が決めたルールを壊してしまいます。

　要するに、滞納処分は私法のルールに従ってする経済取引の一つであり、私法が決めたことを税法が修正する、「みなす」ことはできないのです。

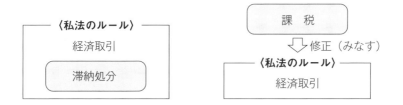

第 3 節　私法のルールに従うことの意味

　滞納処分では、滞納者の財産を換価して税金を徴収することから、私法が決めたルールに従わざるを得ません。そうなると、既に存在している私法関係を税法で修正することはできないので、次のような問題が起きます。

【事例】（仙台高裁平成6年2月28日判決）

　テナントビルを賃貸する会社が、オーナーらの高齢化に伴い、賃貸不動産を処分してその譲渡代金を分配する話になった。しかし普通に売ってしまうと多額の税金が発生し、それを納付すると手取額が少なくなるので、不動産を売却するのではなく、会社の株式を譲渡することでオーナーらは資金を手にした。不動産は開発業者に売却され、会社には多額の税金が課せられたが、それを払う譲渡代金はオーナーらの手に渡っていて、会社は無財産になっていた。

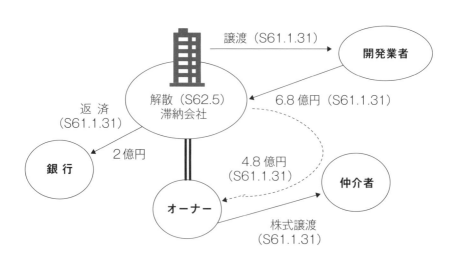

（1）株式譲渡と事業清算

この【事例】は、事業を廃業して会社を清算する際に、会社所有の不動産を処分した譲渡代金のほとんどを、仲介者を経由してオーナーらが株式の譲渡代金として受け取ったため、会社に課された不動産譲渡に係る税金が滞納になったケースです。

（注）　【事例】は、会社の株式を長期保有していたので、租税特別措置法第32条第2項の「土地譲渡類似株式等の譲渡」の適用はされません。

一般的に会社を廃業する際には、オーナーらは清算後に残った残余財産の中から出資の分配を受けます。それならば、清算手続の中で不動産の譲渡に係る税金が納付されるので、滞納という事態は起きません。しかし、この【事例】では、オーナーらは株式を譲渡することで、不動産の譲渡及びそれに伴う課税とは切り離されたところで、資金を取得したのです。

そうなると課税された会社は無財産になっていますが、滞納税金の徴収に関しては、滞納は会社に課せられた税金ですから、納税者（滞納者）である会社の財産でなければ滞納処分はできません。納付の原資になるべき譲渡代金であっても、滞納者ではないオーナーらに渡ってしまえば、それが預金等になって現存していても、「滞納者のものとみなして」差し押さえることはできません。

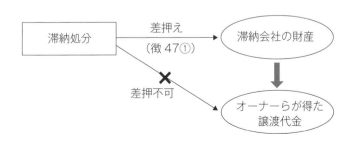

　この【事例】では、2.8億円の滞納税金を徴収するため、オーナーらの株式譲渡は不動産の譲渡代金を手にするための仮装であり、法律上の原因なく（民703）滞納会社の資金である4.8億円を手にしたとして、税務署はその不当利得返還請求権を差し押さえた上で、その取立訴訟を提訴しました。しかし結果として、訴訟で国側は負けて、滞納税金は徴収できませんでした。

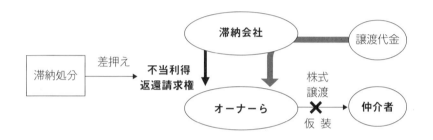

　なぜ敗訴したかというと、オーナーによる株式譲渡が仮装取引であることを、国側が立証できなかったためです。

　裁判所も、オーナーらが税法上の有利さを考慮して、不動産を売って清算するよりも、株式を売ることを選んだことを認めています。しかも、開発業者から渡された譲渡代金は仲介者の手を経て、そのままオーナーに渡されています。

　かなりキワどい株式譲渡ですが、不当利得が成立するためには、株式譲渡は仮装で存在しないこと、したがってオーナーらは法律上の原因なく金銭を受け取ったということを、訴えた側の国が立証する必要があります。

　しかし、株式譲渡に関する契約書が存在し、それが訴訟における「処分証書」になることからは、いくら状況証拠を並べたとしても、オーナーらが株式を譲渡する意思がなかったことを表す直接証拠を示さない限り、単に怪しいというだけでは仮装の立証にはなりません。その際に、株式譲渡という法形式を選んだ動機としての「税法上の有利さ」は、それが違法な

ものでない限りは、むしろ動機の合理性の説明にしかならないのです。そうしたことで、この事案は負けてしまいました。

（2）課税の立場、徴収の立場

　【事例】のケースは、もしこれが課税に関することならば、不動産を売った譲渡代金を山分けするのも、株式を売るのも実質的に同じことで、株式譲渡という法形式で税負担の公平が損なわれるならば、税法に特例を設けて対処します。実際に、株式の保有期間が5年以下の場合には、分離課税の短期譲渡所得の対象ですから（措法32②）、あえて株式を譲渡するメリットはありません。

　しかし当たり前ですが、【事例】のように、不動産を譲渡した会社に4割課税をして、オーナーらには株式譲渡の2割課税をしているときに、徴収のほうがそれとは別に、納税者でないオーナーらから会社の税金を徴収することはできません。

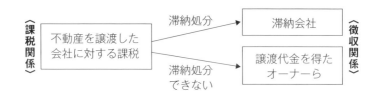

　そこで、オーナーらの手に渡った譲渡代金をターゲットにするときは、一つはオーナーらに第二次納税義務を賦課するやり方があります。その具体的な検討は、次章以下で説明します。

　また別の方法として、私法の中でオーナーらに追及するやり方があります。

①　詐害行為取消権（民424）により、オーナーらが受け取った不動産の譲渡代金を滞納会社に返還させる⇨【事例】は、オーナーらは株式の譲渡代金として仲介者から金銭を受け取ったのであり、会社とは無関係の取引なので詐害行為にはなりません。

②　株式譲渡が虚偽表示（民94）だとして、オーナーらに不当利得の返還を求める⇨【事例】はこの方法を採用しましたが、失敗しました。

　以上のように、徴収の局面では「滞納者の財産から滞納税金を徴収する」という原則から、滞納者の財産であるか否かの判断（財産の帰属）が重要になり、それは私法のルールに従って決められます。そうなると財産の帰属に関して、一般の取引にある「取引の安全性」という考え方が、滞納処分の場合に適用されるかが問題になります。

第 4 節　取引の安全性と滞納処分

　一般の私的取引においては、売主が自分に所有権がないのに、あると偽って売ったとしても、買主はその物の権利を取得することはできません。しかし、外見的に売主に所有権があると信じる状況があり、それを買主が信じて買った場合に権利を取得できないとすると、買主は安心して物を買うことができません。

　そこで、このような場合に「取引の安全を保護する」という点から、買主の権利を認める私法上の原則があります。

　同様のことは、滞納処分でも生じます。外見的には滞納者の財産に見えるのですが、実は第三者のものというケースがあります。例えば、登記が滞納者の名義になっている不動産や滞納者の家や事務所にある動産などです。そうした財産を「滞納者の財産」だとして滞納処分をしてしまった場合に、それは「滞納者の財産」ではないから、帰属を誤った違法な滞納処

分になるのかという問題です。

　私的な取引では、外観に頼らざるを得ないですが、滞納処分では徴収法が認める調査権限があるので（徴 141）、「滞納者の財産」であるか否かは外観に頼らず、調査すれば判明できます。

　ところで滞納処分は、公売により差押財産を取得した買受人が、さらに第三者に売ることもあります。外見的には「滞納者の財産」ですが、実は第三者の物を公売してしまった場合に、その買受人が権利を取得できないとなると、そこでは「取引の安全性」が問題になります。

　こうして公売財産の買受人を保護するため、私法のルールである「取引の安全性」が滞納処分にも適用されるという判断がされました⇨次章「登記名義と滞納処分」参照。

　そのベースとなる考え方は、税債権は金銭債権として私債権と何ら変わるものではない。したがって、「租税債権を私法上の債権よりも特に不利益に扱わなければならない理由はない」（金子・租税法（第 24 版）1054 頁）という割り切りです。

第 5 節　税債権の徴収と私法の関係

　「滞納者の財産」に対して滞納処分を行うので、いずれの財産が滞納者に帰属するかは私法のルールに従うことからスタートした「滞納処分と私法の関係」です。それは公売で財産を取得した買受人を保護するために、私法が用意する「取引の安全性」にまで広がっていきます。

　その際の理屈は、税債権は一般の私債権よりも不利益の取扱いを受ける理由はないこと（最判昭31.4.24）、すなわち債権の実現に関して、税債権と私債権に差異を設けないというものです。そうなると、私債権に適用される考え方は、税債権にも一般的に適用されることになり、滞納処分に限らず「税債権の徴収の全般」に関して、特段の規定がない限り、私法の考え方が適用されることになります。

| 滞納者の財産に対する滞納処分 | 滞納処分に関する私法の適用 | 公売における買受人の保護 | 徴収全般における私法の適用 |

　次章以下では、こうした私法と税債権の徴収との関係を踏まえて、滞納会社からオーナーらに資金等が漏出した結果、滞納会社が無財産になった場合の徴収の方法について、いろいろと見ていきます。もっぱら財産の漏出先に対し、その相手を「滞納者とみなして」、滞納税金の徴収を図る第二次納税義務の適用ケースです。

　その際には、課税は実質をベースにした適用がされるのに対して、徴収は私法をベースにした適用がされる、それによるギャップなども見ていきます。

第 2 章

登記名義と滞納処分

第 1 節　登記と差押え

　前章では、滞納処分は「滞納者の財産」に対してだけすることができ、財産が誰に帰属するかは私法上の判断で決まるので、滞納処分は私法のルールに従わざるを得ないことを説明しました。ところが、このように滞納処分が私法のルールの中で行われることから、「滞納者が売ってしまった財産」に対しても滞納処分がされる場合が起きます。

　滞納者に帰属しない財産を実質に合わせて、滞納者の財産と「みなし」て滞納処分するのではなく、滞納者が譲渡してしまった先の第三者の財産に対して滞納処分がされるのですから驚きです。そのような事態は、不動産や自動車などの、権利の移転に登記・登録が対抗要件となる財産に関して生じます。

第 2 節　不動産の名義変更未了と滞納処分

　不動産や自動車の所有権は、それぞれ登記または登録をしないと、自らの権利を第三者に対抗できません（民177、道路運送車両法5①）。そのため、既に滞納者が第三者に売却済みであっても、登記の名義が滞納者のままになっていると差押えがされて、公売になるリスクが生じます。これが「滞納者が売ってしまった財産」に滞納処分がされるケースです。

【事例1】（参考：最高裁昭和31年4月24日判決）

　不動産業者のAは、繁華街の再開発のための本件土地を令和2年11月にBから売買で取得したが、すぐに転売する予定で登記名義を変更していなかった（中間登記省略による売買）。転売先の都合で予定が伸びていたところ、税金を滞納していたBの滞納処分として、令和3年10月に本件土地に対して差押えがされた。なお、譲渡人Bは本件土地の譲渡に関して同年5月に申告しているが、繰越欠損申告のため滞納にはなっていない。

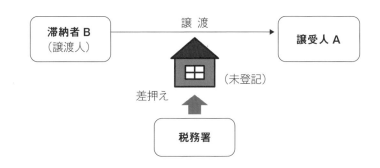

　参考に上げた判決はかなり古いですが、法律の教科書にも出てくる、いわゆる「判例」です。結論は、Aには登記がないので、差押えの登記をした第三者（国＝税務署）に対抗できず、本件土地を公売されても文句をいえないというものです。論点はいくつかありますが、滞納処分に関しては次の2点です。

① 　徴収法は「滞納者の財産」に対してするとしているのに、なぜ滞納していないAが所有する財産を差し押さえて、公売できるのか…そもそも無効な滞納処分ではないか？

② 　税務署は元の所有者であるBの申告で、本件土地がAに売却済みなことを知っていたはずだが、それでも公売は許されるのか？

（1）登記の対抗力と第三者の範囲

　民法は、誰が所有者であるかを決める「物権の移転」は、売買なら、売主と買主の意思の合致（一般的には契約）でするとしています（民176）。ですから、売買契約が成立して代金も払えば、登記に関係なく所有権は買主に移るし、売買の当事者もそう考えているはずです。

　しかし民法はそれに加えて、買い受けた物が自分に所有権があると、権利が競合する相手に主張（これを「対抗」といいます）するためには、登記が必要としています（民177）。第三者との関係で権利を主張するためには、外部にその存在を表示する形が求められますし、また、通常は登記の名義人が所有者だと信じて取引をしますから、取引の安全性を保護する点からも登記は重要です。ですから、所有者は登記をしていなければ、競合する正当な権利を有する第三者（登記の欠缺を主張できる第三者）が現れて、そちらが先に登記をしてしまうと権利を喪失しても文句をいえません。

①　差押えと第三者

　登記の対抗は、教科書的には「二重譲渡」の問題として説明されます。売主甲が乙と丙の両方に二重に売ってしまったが、どちらが権利者として勝つのか。先に登記をした者が他方に勝つというのが、その結論です。この場合の乙と丙は、それぞれが買主というイーブンな立場なので、登記の先後で勝ち負けの決着を付けることに理解できます。

　しかし相手が差押えのときは、先に登記をした差押えが負けたとしても、他人の財産から債権を回収できなくなるだけで、それも仕方がないという考え方があります。ただし判例は古くから、差押えして債権回収ができたと安心している差押債権者の信頼も守られるべきとして、差押えも登記で対抗する第三者に含めています。

②　滞納処分の差押えと第三者

　差押えが登記の対抗関係に含まれるとしても、強制執行は債権者の申立てで開始され（民執2）、申し立てる債権者にとって債務者の財産かどうかは、登記だけが頼りです。それに対して滞納処分は、徴収法の調査権限があります（徴141）。いわば、強制執行は登記（不動産）や占有（動産）などの外観で差押えせざるを得ないのに対して、滞納処分は真実の帰属に基づき差押えするという、コンセプトの違いがあります。

　しかし【事例1】の参考で上げた判例は、税金も一般の私債権と同じ金銭債権だということを理由に、強制執行と滞納処分に差異をつける理由はなく、滞納処分も登記で対抗する第三者に含めるとしました。そうなるとコンセプトの違いとは別に、登記の対抗という点からこの問題の結論が導

かれます。

　確かに滞納処分は、「滞納者の財産」に限定しています。しかし、これを対抗の問題として割り切るならば、登記をしていない A は所有者とみてよいのか、譲渡した B は本件土地の権利を喪っているのか、といったことになります。というのは、登記の対抗を説明した際の「二重譲渡」ですが、所有者甲が先に乙に売ってしまい、その次の丙は所有権のない甲から買ったとなれば、先に登記をしても丙は無権利者ですから、そもそも対抗の関係になりません。それが対抗の問題（丙も権利者）になるのは、片方の売買の当事者（甲と乙）間でみれば所有権は移転するが、その売買とは別の関係になる丙（第三者）にとってはいまだ所有権は甲にある。だから、丙も甲から売買で所有権を得ることができるという理屈があるからです。

　それを【事例1】に置き換えてみると、本件土地は B から A に譲渡されたが、その売買とは関係のない税務署（第三者）にしてみれば、いまだ所有者は B のまま。だから、税務署側からすれば「滞納者の財産」を差し押さえたのであって、「滞納者に帰属しない財産」を差し押さえたのではない、という説明になります。

（2）課税関係と第三者

　本件土地は B から A に譲渡されていましたが、差押えをした税務署はその売買と関係なければ第三者として、登記の対抗の関係から、滞納者 B の財産として滞納処分すると説明しました。しかし、その売買に関係して

いれば事情は変わります。すなわち、本件土地を譲渡したと B が税務署に申告していたときに、それをどう評価するかです。

【事例 1】の参考で上げた判決は、滞納者から土地を取得した者が、税務署に対してその土地の所有を前提にした申告を行い、税金を納付していた事例です。その後の差戻判決は、税務署は「背信的悪意者」とされて、登記で対抗できる第三者から排除され、差押えは無効になりました（最判昭 35.3.31）。

(注)　背信的悪意になるか否かについて、ほぼ同一の事実関係を前提にしながら、最高裁昭 31 年判決（差戻審）と最高裁昭 35 年判決（差戻審）では結論が真逆になっています。

競合する正当な権利者の間で、登記の先後で決着を図るのはいわば「早い者勝ち」の論理です。ですから、競合相手が未登記なことを知っていても問題にされませんが（単純悪意）、知っていることを奇貨とした背信的な行為により第三者となる場合（背信的悪意）には保護されません。

① 　背信的悪意にならない場合

【事例 1】は、B は本件土地に係る譲渡の申告をしていますが、それは繰越欠損に係る申告であり所得がなく滞納になっていません。ただし過去分の滞納があって、それで本件土地が差し押さえられたケースです。本件土地に係る申告がされているので、税務署が譲渡の事実を知っていた（悪意）ことは否定できません。しかし、税務署に提出されたすべての書類や申告書を網羅的にチェックしないと差押えができないとするのは現実的で

はないですし、知っていただけの単純悪意は対抗できる第三者に含まれます（昭31最判参照）。したがって、この場合の差押えは登記の対抗として保護されます。

②　背信的悪意になる場合

【事例1】を変更して、本件土地の譲渡に係るBの申告で所得が出て、それが滞納になって差し押さえられたケースを考えてみます。

参考に上げた昭和31年や昭和35年の最高裁判決は、譲り受けた側のAが申告して、それでAは自分が所有者だと税務署が取り扱ってくれると期待していたのに、それを裏切ってBの財産として差し押さえたことを「背信的」としています。その点でいけば、税務署が知る原因となる申告をしたのは譲渡した側のBですから、Aは税務署に何かを期待する立場にはありません。しかしこの場合の背信的とは、①譲渡という事実を現実に知っていながら、登記がそのままなことに乗じて、②自らの前提に反する差押えをした場合です（昭31最判参照）。特にAが何かを期待する事実までは、求められていません。

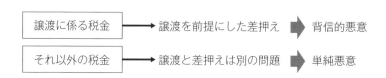

しかも、滞納処分をする場合は、徴収職員は滞納原因を把握するためBの申告書を当然に確認した上で着手しますから、①本件土地がAに譲渡

済みなことを熟知し、その上で、②譲渡を前提にした滞納で差し押さえたわけですから、背信的悪意者といわれても仕方ありません。この場合は公売することはできず、帰属を誤った違法な処分として差押えは解除しなければなりません。

(3) 対抗問題と国税の取扱い

　これまでの説明では、【事例1】で本件土地を譲り受けた A は、それを差し押さえた税務署が背信的悪意者にならない限り、自分の財産を公売されても仕方がない結論になります。実際に、不服申立てや訴訟で争われたケースがありますが、登記の対抗の問題として請求は棄却されています（東京高判平 26.7.23）。しかし、そうした割り切りがされていても、行政上の判断として、一定の場合には差押解除をする取扱いがあります（昭 38.7「差押財産につき取りもどし請求等があった場合の差押解除の取扱いについて」国税庁通達）。

①　旧国税徴収法の取扱い

　古くから、滞納処分の対象は「滞納者の財産」に限るという前提から、滞納者以外の第三者が所有権を主張して、差押財産の取戻しを求めてきた場合には、公売との関係で申出の期間制限をした上で、正当な権利者であれば理由の如何に関係なく差押えを解除し、公売はしないとしていました（明 22「国税滞納処分法」17 条、明 40「国税徴収法」14 条）。理由は、正当な権利を有する者は公売によってもその権利を喪わず、公売の買受人は権利を取

得できないためです（大審院大 9.10 判決、兼子一『強制執行法（増補版）』54 頁）。

　その中で、滞納処分に民法第 177 条の適用を認める昭和 31 年の最高裁判決が出されます。税務署側が困るのは公売した後になって、買受人への所有権移転が覆されることですが、この判決以降は対抗の問題として割り切る姿勢に取扱いが変わります（昭 30.12「国税徴収法逐条通達」14-13）。

②　徴収制度調査会答申

　現行徴収法の基礎となった昭和 33 年の調査会答申は、旧国税徴収法の考え方を維持し、第三者の所有物に関する売却決定は所有権移転の効果を発し得ないとしますが、正当な権利者からの請求に対しては、不服申立てを通じて処理すれば足りるとして、旧法のような特段の規定は設けませんでした。

　ただし、調査会参加者の議論では、滞納処分では税務署側が主体的に帰属の判断をして差し押さえるのが徴収法のコンセプトなのに、登記という外観に頼って防御を図るのは都合がよすぎるとの指摘を行政法学者から受けます（田中二郎、雄川一郎）。しかし、そうはいっても登記をしていない権利者と公売により財産を取得した買受人のどちらを保護すべきかという点では、昭和 31 年の最高裁の判断は妥当として結論はフェードアウトします（「租税徴収法研究」ジュリスト選書下巻 595 頁以下）。

③　現行徴収法での取扱い

　現行の取扱通達は、民法第 177 条の適用がある限り差押えに違法性はないので、登記のない権利者から差押えの解除を求められても、原則的には対応しない姿勢です。取り返したいならば、民事執行法の第三者異議と同様に、争訟で決着を図ってください、行政上の配慮で対応するのは、対抗要件の具備ができなかった「やむを得ない事由」までとしています（上記の「取戻通達」）。

　そうなると【事例 1】のケースのように、「故意に」登記していない場合は取戻通達の対象外です。また、帰属誤りを理由に争訟をしても、対抗

の問題として請求は棄却になります。税務署に与えられた調査権限で、本件土地の取引関係を把握するのは可能ですが、背信的悪意者などの理由で差押えを解除する場合でなければ、滞納処分をできない理由はありません。したがって、結論としては公売することになります。

第 3 節　不実の登記と滞納処分

【事例1】は、滞納者が自分の不動産を譲渡した後に、登記を滞納者から譲受人に移していなかった場合です。次は、滞納者が登記名義を貸していた場合です。

私法上の権利移転は、権利のある者からでなければ効果を生じません。ですから、滞納者の名義で登記がされていても、名義を滞納者が借りていただけの場合は、その不動産は「滞納者の財産」ではありません。しかし、この場合も私法上の考え方が援用されて、滞納処分がされるケースになります。

【事例2】（参考：最高裁昭和62年1月20日判決）

公売物件（本件建物）の現況確認をしたところ、そこは滞納者でないBの居宅であり、近隣の話でも昔からBが住んでいるとのことだった。B本人に聴取したところ、3年前に仕事仲間のAに頼まれて自宅の名義を貸したが、その後にAと連絡が付かなくなり、名義も戻せなくて困っている。差押えがされているのは今日が初めて聞いたが、滞納もしていないのに自宅を公売されるのは理不尽だし、差押えを解除して欲しいとの申出がされた。

このケースのBは、自宅の名義をAに貸していたところ、名義人Aの滞納で差し押さえられた事例です。Bは滞納者ではないので差押書の送達

（徴68①）はされず、自分で登記を確認しない限り差押えのことは知りません。不動産の滞納処分は、公売に至るまで現況確認をしないことが多いので、差押えから相当に時間を経過してからこうした状況が発覚します。

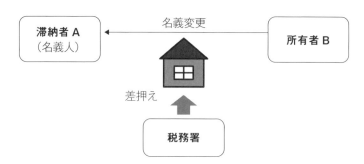

Bは滞納していないので、自宅を他人Aの滞納で公売されることに納得できませんが、登記を貸したままにしていた以上は仕方がないというのが、このケースの結論です。

これについての論点は、

①　滞納者Aは単なる名義人であり、本件建物に関して権利は持っていません。なのに、どうして滞納とは無関係なBの自宅を公売できるのか…そもそも無効な滞納処分ではないか？

②　差し押さえるに際して本件建物の現況を調査していれば、Aの所有でないことは容易に把握できたはずなのに、税務署はそれをせずに差し押さえました。所有者Bには通知がされず、差押えの事実さえ知りませんが、それでも公売は許されるのか？

（1）虚偽表示と第三者

【事例1】の滞納者は、差押え時に本件土地を既に譲渡していますが、少なくとも登記の対抗の関係では権利者として扱われました。それに対して、【事例2】の滞納者は、登記があってもそれは「虚偽表示」ですから（民

94 ①)、権利を得る基礎（民 176）のない無権利者です。

　そして登記で対抗の関係に立つのは、あくまでも正当な権利を有する者ですから、無権利者から権利を取得することができない第三者は、登記をしてもそもそも無権利なので、対抗の関係に立てません。

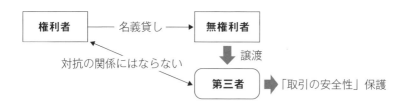

　しかし一般の取引では、登記があればその者を権利者だと信じて行動しますから、後で無権利を理由に買った物を返さなければいけないとなると、安心して物を買うことができません。そうした「取引の安全性」から、無権利者と取引した者が登記を虚偽表示だと知らなかった場合には（善意）、その第三者は自分に権利があることを主張（対抗）できるようにしています（民 94 ②類推適用）。

① 差押えと第三者

　民法第 94 条第 2 項の類推適用は、登記の外観を信じて取引した第三者と本来の権利者の、いずれを保護すべきかの問題です。たまたま登記があったから差し押さえた場合まで、保護対象にすべきかということがいわれます。しかし虚偽表示は、外観を作った側に、それを信じた者との関係で責任を問うものですから、責任という点からは差押えを除外する理由はないとされています（最判昭 48.6.28）。

②　滞納処分の差押えと第三者

　【事例 1】の参考判決で、滞納処分に民法第 177 条を適用する判断（最判昭 31.2.24）が出されて以降は、「特別な法律の規定がある場合を除いて、（滞納処分において）一般の私債権と同様に扱う態度が、裁判例において固まった」とされています（佐藤英明『租税判例百選（第 7 版）』27 頁）。そうなると、私債権の差押えと滞納処分の差押えで違いを認めませんから、滞納処分の場合にも民法第 94 条第 2 項の類推適用を認める…【事例 2】の参考判決の判断が出されます。

　そうなると本来の権利者 B は、本件建物を A に売っていないということを（虚偽表示）、滞納処分で差し押さえた側に主張できない。すなわち、本件建物は A に売ったことにされてしまうので、滞納者 A の財産として行った差押えは正当という結論になります。

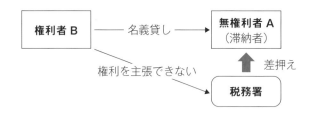

（2）虚偽表示に対する善意

　民法第 94 条第 2 項は外観を信じた者を救う制度という観点に立てば、単に外観を信じる（善意）だけでは足りず、救済すべき積極的な理由（無過失）が必要になります…調べればわかったのに、それをしないで取引した者は救う必要がないという理屈です。しかし裁判所は一貫して、虚偽を作った側の責任としてこの問題を見ていますから、過失の有無を問いません。

　【事例2】のケースでは、差押えをする際に現地を確認していれば、お
そらくは本件建物はBの自宅であること、それにより登記が虚偽表示な
ことは判明したと思われます。しかし不動産の差押えに際しては、動産の
ように差押対象の利用制限はしないので（徴69①）、現況に関して調査し
ないで差し押さえるのが通例です。また、徴収法の手続においても、差押
書の送達（徴68①）及び登記の嘱託（徴68③）であり、現地確認は求め
ていません。

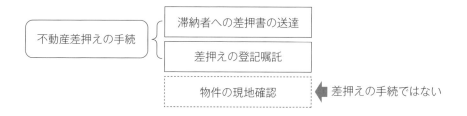

　したがって【事例2】のように、差押えから何年も経過した後に、公売
する段階になって初めて状況を把握し、滞納者の登記が虚偽表示だったと
わかりますが、法律で決められた手続は怠ってはいないので、手続上の瑕
疵＝過失があるとはいえません。名義をAにしている旨を税務署に伝え
たこと（悪意）をBが立証できない限り、税務署は善意の第三者になります。
　（注）　差押えをする際に、虚偽表示であることの疑念を抱かせる事情があっ
　　　　たとしても、疑念は「知っている」と違うので、悪意にはなりません（最
　　　　判平 9.12.18 参照）。

(3) 虚偽表示がされた財産の公売

　徴収法の手続において、Bは滞納者ではないので、差押えの通知はされません。また、所有者が自らの登記を随時に確認しなければ、差押えの登記がされてもそれを知りません。さらには、差押えがされてから公売を実施するまで、相当の期間が経過しているケースが多くあるので、事情を知らないまま突然に公売される不利益が生じます。しかしBには、登記をAにしていた責任がありますから、虚偽表示を理由に差押えの取消しを求めて裁判で争っても敗けてしまいます。

　なお、【事例1】のケースでは、登記の対抗要件の具備ができなかった「やむを得ない事由」があれば救済する余地を残していましたが（「取戻通達」）、虚偽表示ではどのような事情があろうとも、救済する取扱いは用意されていません。したがって、【事例2】の本件建物は民法第94条第2項の類推適用がされる限り、公売がされることになります。

第 4 節　私法と滞納処分の関係

　徴収法が「滞納者の財産」から滞納税金を徴収する原則を置きながらも、登記名義が滞納者にあれば、「滞納者のものでない場合」であっても滞納処分がされてしまうのは、通説・判例が示すところの、税債権の徴収において私債権よりも不利益な取扱いを受けることはないという「割り切り」のためです。この割り切りは、登記に従って公売した後の買受人を保護することからスタートしたのですが（【事例1】の最判昭31.3.24）、現在は、その考え方が滞納処分だけでなく、滞納税金の徴収全般において一般的に適用される考え方に広がっています。

　そもそも滞納処分が私法上の判断に左右されるのは、対象となる滞納者の財産の帰属を決めるのが私法だからです。それが税債権と私債権を同様

に扱うということになって、滞納処分ではない税債権の徴収に関する他の手続…第二次納税義務に広がります。

次に、その考え方で裁判所の判断が揺れた事例を見てみます。

第 5 節　無限責任社員と第二次納税義務

私法上の判断に従って滞納税金の徴収をするというケースは、民法の他にも、商法上の登記に関して生じています。それが商業登記と第二次納税義務の問題です。

【事例3】（参考：札幌高裁昭和62年9月2日判決）

合名会社の滞納について、商業登記で社員（無限責任社員）になっていたＡに対して徴収法第33条の第二次納税義務を告知したところ、Ａからは名前を勝手に使われて登記されただけで、滞納会社の社員ではない旨の申立てがされた。

（1）合名会社等の無限責任社員

会社には株式会社のほかに、持分会社といわれる合名会社、合資会社及び合同会社があります。合名会社や合資会社は数的には多くありませんが、古い老舗企業だったり、設立費用が安いという点から利用されています。

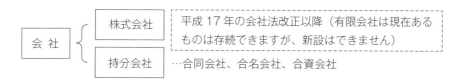

会社を支配するのは出資者ですが、たいていは有限責任であり、会社の

債務について出資した以上の責任を負わないのが普通です。ところが、合名会社の社員（出資者）と合資会社の一部の社員に限っては、無限責任社員として、会社のすべての債務につき連帯して弁済する責任を負います（会580①）。なお、同様の責任は士業法人といわれる、税理士法人や弁護士法人の社員も負っています（税理士法48①、弁護士法30の15①）。

（2）合名会社等の第二次納税義務

　滞納税金は、滞納者の財産でもって徴収するのが原則です（徴47①）。しかし、無限責任社員は会社の債務につき連帯して弁済する責任を負うことから、その債務に滞納税金を含めて、滞納会社が廃業したような場合に（徴収不足）、直接に滞納処分できるようにしたのが、徴収法第33条の第二次納税義務です（平成29年度改正で、士業法人にも徴収法第33条は適用されるようになりました）。

（3）不実登記と無限責任

　会社を相手に取引をする場合には、その会社がいかなる内容かを知る必要があり、それを示すのが商業登記です。そこから、登記の記載事項を信じて取引をした者を保護する規定が設けられています（会908）。【事例3】のような名前の無断盗用は、「不実の登記」がされた場合として、次のようになります。

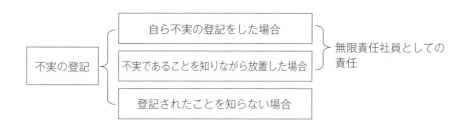

　合名会社の社員は無限責任社員ですから、名前を盗用された場合に、会
社の債務を一方的に背負わされたのでは堪りません。ですから、規定が「不
実の登記をした者」となっているので（会 908 ②）、本人の知らないとこ
ろで勝手に名前を使われていたときは責任を負いません。しかし、本当は
社員ではないのに自ら社員として登記していたり（故意）、盗用されたこ
とを知りながら放置していた場合（過失）には、責任を負うことになりま
す（最判昭 55.9.11）。

（4）不実登記と第二次納税義務

　会社法第 908 条第 2 項は、登記を信じて取引した者を保護する外観法理
の一つです。同じく登記の外観を信じて取引した者を保護するものに、【事
例 2】の民法第 94 条第 2 項の類推適用の問題がありますが、それは不動
産に対する滞納処分（権利の得喪）という「私法上の判断」をベースにす
るところで行われるものでした。

　ところが、徴収法第 33 条の第二次納税義務は課税と同様に、滞納処分
のような「私法上の判断」に乗らなければいけない必然はありません。そ
のことから【事例 3】に対して裁判所は、まず次のような判断をしました。

【函館地裁昭和59年3月29日判決】

　商法第 14 条（現行の会社法第 908 条）は、不実の登記を信頼して私的
取引に入った第三者を保護するため、故意または過失によって不実の登記

を現出させた登記申請権者自身即ち商人自身にいわゆる禁反言または外観
法理に基づいて右私的取引についての責任を負わせようとするものである
から、およそ私的取引とはいえない本件告知処分のような課税処分につき、
登記申請権者自身ともいえない原告に責任を負わせるべく同条を類推適用
する余地はないものといわねばならない。

　一般の私的取引では、真実の権利関係を強制力でもって調べることはで
きませんから、登記など外観を信じて取引をした場合には、法的に保護す
る必要性があります。しかし、滞納税金を徴収する際には、徴収法第141
条による調査権限があるので、その行使により課税と同様に、真実の権利
関係を把握してから処分をします。さらには、滞納処分は権利の得喪に関
係する点から私法上の判断に従わざるを得ない理由がありますが、第二次
納税義務でそうした要請はありません。

　そうしたことで地裁の判断は、第二次納税義務には私法の外観法理は適
用しないとしたのですが、その控訴審では違う判断がされました。

【札幌高裁昭和62年9月2日判決】

　（第二次納税義務者は、会社法第908条第2項の不実な登記をした者に
当たるとした上で、）被控訴人らを訴外会社の第二次納税義務を負う者と
認定して行った本件告知処分には何らの瑕疵も存しない。

　要するに、申告や更正などで確定した税債権は、金銭債権として私債権

と何ら変わるものではないから、「租税債権を私法上の債権よりも特に不利益に扱わなければならない理由はない」（金子・租税法（第 24 版）1054 頁）という割り切りが、税債権の徴収全般にされたのです。そうなると、滞納処分のみならず税債権の徴収に関することは、特段の規定がない限り、私法上の判断をベースにした事実認定により行われることになります。

第 **3** 章

課税と徴収の
アプローチの違い

第 **1** 節　立場が違えばスタンスも変わる

　税務署における課税と徴収は、税務行政を執行するいわば「右手」と「左手」です。同じ税務署長の下で、右手は適正な課税のために税務調査を行い、左手は課税された税金の徴収を行いますが、その右手と左手がバラバラな行動をすれば納税者は納得できないと思います。

　しかし課税と徴収とでは、それぞれが行動する基礎になる事実認定において、課税は "実質に基づくアプローチ" をするのに対して、徴収は "私法関係を基礎にしたアプローチ" という違いがあります（第Ⅲ部第1章参照）。そこから、Aという事実認定の下で課税がされたのに、その税金を徴収する局面においてはBという違う事実認定がされるケースが生じます。

第 **2** 節　認定賞与と第二次納税義務

　課税における事実認定と徴収の事実認定の違いが顕著に表れた事例に、認定賞与と無償等の第二次納税義務の関係があります。

┌─ 【事例1】（参考：平成7年11月17日裁決）───────
　建築業を営むA社は、代表者Bほか数名の従業員で業務を行う会社だったが、スポットで受注した工事代金を決算に計上せず、直接にBの預金

口座に振り込ませる形で売上を除外していた。T税務署の調査でそれを指摘され、除外額はBに対する役員賞与として、法人税の修正申告とともに、賞与額に相当する源泉所得税の告知処分を受けた。A社はそれらの税金を滞納したことから、T税務署長は、Bが預金口座に振り込ませて受け取った金銭を無償による財産の処分だとして、Bに対して徴収法第39条の第二次納税義務を賦課した。

　この【事例】は会社の売上を代表者の個人口座に振り込ませて除外する、古典的なケースです。

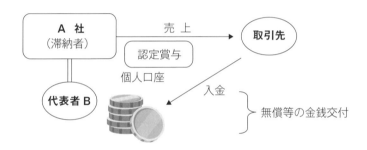

　このような売上除外が見つかった場合には、法人税は所得隠しとして普通は重加算税対象になりますが、それと同時に、振込口座から除外した金銭が引き出されて個人的な支出に使われていたならば、その金銭は会社から代表者に支給された賞与として所得税が併せて課されます。これが「認定賞与」といわれるものです。

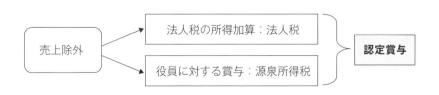

こうした課税で追徴になった法人税及び源泉所得税が納税されればよい

ですが、滞納になるケースもあります。納税者である会社に財産があれば、それに対して滞納処分がされます。しかし、仮に財産が無ければ株式会社等は有限責任ですから（会104）、たとえ一人会社であっても、会社の税金を含む債務を代表者や株主が納付する義務は負いません。

　ところが認定賞与という課税がされると、無償で滞納会社の金銭を受け取った（＝贈与）と認定されるケースがあるため、徴収法第39条の第二次納税義務による追及リスクがあります。

　代表者Bにすれば、売上から除外した会社の金銭を自分が使ってしまった責任はあります。しかし、源泉所得税を課される賞与とは、「定期の給与とは別に支払われる給与等で、賞与、ボーナス、夏期手当、年末手当、期末手当等の名目で支給されるものその他これらに類するもの（国税庁タックスアンサーNo.2523「賞与に対する源泉徴収」）」ですから、源泉所得税を課されたということは、すなわちその金銭は「役員に対する賞与」として受け取ったと考えます。それが徴収の局面になると「金銭の贈与」になってしまうのですから、会社からの報酬として源泉所得税の納税を求められたのに、それが贈与に変わって第二次納税義務を追及されるのは納得できない、となりそうです。

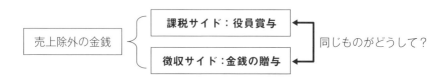

第 3 節　事実認定における課税と徴収

こうした同一の事実に対して、課税と徴収で異なる事実認定をすることは、「それぞれの適用法令を異にすることに起因するものであって、統一がなくてもやむを得ない」という言い方がされます（吉国二郎ほか『国税徴収法精解（令和 3 年版)』388 頁）。しかしそれでは、理解が難しいと思います。

(1)課税における事実認定

「認定賞与」とは、法律にはない実務的に使われる用語です。一般的には、臨時に役員に供与された金銭やその他の経済的な利益供与があったときに、課税する側がそれらの供与等を実質的に役員に対する賞与（役員給与）と認定して、会社に源泉所得税をかける場合のことをいいます。

【事例 1】のように、売上除外した金銭を役員個人の口座に入金させて、それを役員本人が使ってしまったような場合は、そこで経済的な利得が生じているので所得税法上の所得になり、給与所得として会社に源泉徴収義務が発生します（大阪高判平 15.8.27）。

ただし、役員が引き出したお金の使われ方によっては、認定賞与にならないケースもあります。例えば、引き出したお金が会社の経費として使われていれば、役員の懐には入っていませんから単なる売上除外です。また、役員の懐に入っていた場合であっても、引き出した時点においてその金銭を会社に返還する約束があれば、それは役員への貸付金ですから、役員給与と認定されることはありません。

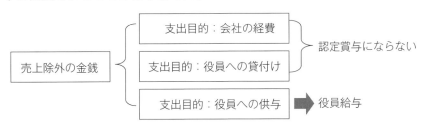

　しかし、売上除外した金銭の役員口座への入金が調査で判明した際に、支出先の内容が説明できない、いわゆる使途不明金のときは、役員が経済的な利得を得た以外に事実を証明できません。また、調査を受けてから実は貸付金でしたといった事後的な取り繕いをして、後に実際に返したとしても、金銭を役員が取得した時点で確定的に所得は発生するので、役員給与として課税される所得はなくなりません。

　　（注）　役員給与が損金になるかは法人税法の問題であり、貰った役員に対する所得が生じるかという所得税法とは別の問題です。なので、損金と認められない役員給与（法法 34）であっても、所得税の源泉徴収義務は生じます。

（2）徴収における事実認定

　役員が会社から金銭を受けた理由が「貸付け」でなく、役員たる地位に基づき経済的な利得を得たものであれば「役員給与＝報酬等」という事実認定がされて、所得税が課されます。それに対して徴収では、前章で述べたように私法上の事実をベースに行うので、同じく会社から金銭が渡されたことも、私法という別の観点での見方をします。

　そして、私法の一つである会社法による規制では、役員が会社から得ることのできる報酬等には制限があり、その上限を超えて支払われた金銭の取得は法的に認められない＝報酬等として得た金銭にはならないとしています。したがって、徴収においては、それに従った事実認定がされます。

①　会社法が制限する役員への報酬等

　会社（典型的なものとして株式会社を例にします）という事業主体の所有者は、株主です。ですから株主は株主総会で、会社の基本的な事項を決定しますが、日常的な会社経営に関することを、いちいち株主総会で決めるのは現実的でありません。そこで、日々の業務執行を行う機関として取締役（役員）が置かれ、そこで業務の決定をします。

　会社の役員とはそういう立場ですから、会社と取締役との関係は「委任関係」です（会330）。そして委任関係において、受任者は、原則的には、委任者に対して報酬を請求することができません（民648①）。委任関係でよくある弁護士への依頼や決算書作成に関する税理士への依頼も、「高級な知的労務の提供だから対価は馴染まない」という理由で、原則的には無報酬なのですが、現実的ではないので、実際には受任契約に額を記載することで報酬の支払いを受けます。

　それと同じで、役員も原則的には無報酬で会社の業務を行わなければなりません。しかしやはり現実的ではないことから、会社法は、定款または株主総会の決議で「報酬の額」またはその「算定方法等」を定めたときは、その定めに従って役員は報酬等を受けることができます（会361①）。

　このように会社法が役員の報酬額を規制する理由は、役員の意思決定で報酬を決めてしまうと、いわゆる「お手盛り」になってしまうから、と説明されています（神田秀樹『会社法』（第 22 版）246 頁）。

②　定款等の定めにない役員への支給

　会社法で支給を規制する「報酬等」とは、「賞与その他の職務執行の対価として株式会社から受ける財産上の利益」としています（会 361 ①）。すなわち、賞与など名称を問わず、役員が職務執行の対価として会社から受け取る金銭が「報酬等」です。

　ところが、定款または株主総会決議で報酬額等が定められていなければ報酬等請求権は発生せず、役員は会社に報酬等を請求できませんから（最判平 15.2.21）、このような会社法の規制に従わずに役員が会社から受け取った金銭は、会社法では職務執行の対価としての報酬等には該当しないことになります。

　手続的には、定款等の定めにより報酬等を役員に支給したときは、その旨を正確な会計帳簿に記載した上で損益計算書に計上し、監査役等の監査または取締役会の承認を得て、定時株主総会の承認を得ます（会 432 ①）。こうした手続を踏んでいない場合には、会社法上の報酬等には該当しないのです。

（注）　株主総会決議等の手続を経ない場合であっても、株主が 1 人しかいない一人会社においては、その単独株主の意思決定があれば報酬等として認められる（東京地判平 3.12.26）、あるいは株主総会に代わる株主全員の同意があったと認められる場合には報酬等になる（東京地判平 25.8.5）などの判断があります。

③　徴収における判断

　徴収サイドから見たときに、会社から役員への金銭の支払いをどのように見るかを考えてみます。

　滞納税金の徴収は、民法や会社法など私法のルールに従うということになったことから、会社法上の報酬等に該当すれば、そのように取り扱います。しかし、会社法上の報酬等に該当しなければ、職務執行の対価としての報酬等とは認めません。そして、【事例 1】で役員 B が会社の金銭を簿外で使ってしまったことは、「認定賞与」という課税の段階では給与所得ですから、少なくとも「役員への貸付金」ではありません。

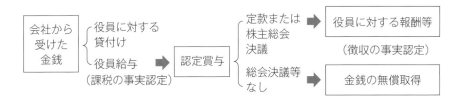

　そして、会社から B に金銭の交付がされた場合に、それが株主総会決議等を経た会社法で認める報酬請求権に基づかないならば、理由のない金銭の交付＝無償譲渡等の処分になってしまいます。したがって、徴収法第 39 条の「無償又は著しく低い額の対価による譲渡」という要件に該当するのです。

　（注）　認定賞与を「無償取得＝会社から役員への贈与」として第二次納税義務を賦課したとしても、課税は既に給与等として源泉所得税を課してい

るので、改めて役員に一時所得（所基通 34-1-⑸）を課すことはありません。

（3）両者の関係…矛盾しないのか

　課税では賞与（職務執行の対価）として源泉所得税の対象にしておきながら、徴収になると報酬ではなく無償による金銭の交付（贈与）として第二次納税義務を賦課する。はたから見ると何だか矛盾しているように思えますが、裁判所は矛盾しないとしています（東京高判昭 51.1.29）。

　すなわち、徴収上の法律関係は私法により判断しますから、課税上は報酬等とされたものであっても、私法に照らしてその一部が報酬等には該当せず、それ以外の理由…消去法で無償による金銭の交付だとされると、第二次納税義務の要件が成立することになります。

　一の社会事象について、同じ税務署長が別異に認定することは、「行政的には統一を心掛けるべきであろう」という意見もありますが（浅田久治郎ほか『租税徴収実務講座 Ⅲ』（改正民法対応版）138 頁）、課税と徴収では、それぞれの適用法令を異にすることに起因するものなので、統一がなくてもやむを得ないという考え方が支配的であり（『国税徴収法精解（平成 30 年版）』386 頁）、引用した裁判所の判断も同様の見解をしています。

　課税は担税力や負担の公平性等の観点から、実質による事実認定の下で判断がされるのに対して、徴収は滞納処分が私法をベースに行われ、そこから事実認定も私法を前提にしなければならない、そうした立場の違いを裁判所も認めているのです。

　次に、会社に帰属すべき営業譲渡の代金を役員らが自己のものとしてい

た場合に、給与（退職慰労金）として株主総会決議をしていながら、それ
は役員らに利益を与える処分として、徴収法第 39 条の無償等の第二次納
税義務の賦課を認めた判決を見てみます。

第 4 節　退職慰労金と第二次納税義務

　【事例 1】は事業を継続している会社が役員に金銭を交付した場合でし
たが、次に、会社を廃業するに際して金銭を交付したケースの第二次納税
義務です。

【事例2】（参考：東京地裁平成9年8月8日判決）

　老舗の和菓子店を経営する A 社は、経営者の高齢化から廃業すること
になり、持ちビルを 2.3 億円で売却した。そして臨時株主総会を開いた上で、
持ちビルの売却代金のほぼ全額を経営者 B らに退職慰労金として支給する
旨を決議し、金銭を交付した。持ちビル譲渡に係る法人税等を A 社が滞
納したことから、T 税務署長は B らに対し過大な退職慰労金の支給は無償
等の財産処分に当たるとして、徴収法第 39 条の第二次納税義務を賦課した。

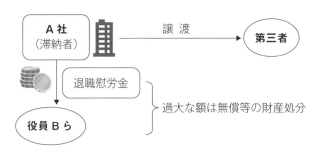

（1）退職慰労金とは

退職慰労金（役員退職金）とは、取締役や監査役など役員であった者が退任する際に支払われる金銭やその他の経済的な利益をいいます。

①　課税における取扱い

退職慰労金は、在職中の職務執行の対価の後払いなどの理由から役員給与に含まれるので、法人税の計算において損金に算入することができます。しかし、退職慰労金の額を株主総会で自由に決めてしまい、その全額が損金になってしまうと、実態に即した適正な課税がされません。そこで、役員としての従事期間、退職の事情、同業類似法人基準に照らして「不相当に高額な部分」については、「過大退職金」として損金算入を認めないことにしています（法法34②）。

役員への退職金
（退職慰労金）
　従事期間や同業類似法人基準などに適合
（法令70二）
　上記に適合しない「不相当に高額な部分」
　➡ 損金に算入できない（法法34②）　──→　過大役員退職金

（注）　【事例2】の退職慰労金は過大だったので、A社は自己否認して損金に算入しない修正申告書を提出しています。

②　会社法における取扱い

会社から役員に支払われる金銭について、税務上は報酬・賞与と退職給与を区別しますが、会社法ではすべて報酬等として規制します。したがって、認定賞与の場合と同様に、定款に支給や支払時期を記載するか、株主総会決議で支給の決議をしておかないと報酬等には認められません。【事例1】はそうした手続を欠いていたため無償譲渡等の処分とされたのですが、【事例2】は臨時株主総会で退職慰労金の支給を決めています。ですから、役員らは金銭の取得は職務執行の対価としての報酬等であり、退職所得として申告・納税をすれば税務関係は終了と考えていたようです。

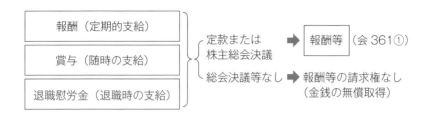

(2) 過大な退職慰労金と第二次納税義務

　【事例2】の裁判では、T税務署長はBらに支払われた金銭のうち、A社が自己否認した過大な退職慰労金の額はすべて無償等によるものとして、第二次納税義務を賦課しました。しかし裁判所はその一部を取り消します。

【裁判所の判断（その1）…損金性の有無と無償取得かどうかは違う】

　法人税法36条（現行は34条2項）は、法人税の算出の基礎となる所得金額の計算について過大な役員退職給与部分を損金の額に算入しない旨を定めているに過ぎないものであり、会社と役員の間の役員退職給与の支給に関する法律関係の効力を否定するものではないことはもちろんであり、それが当該役員の職務の執行及び功労に対する対価であることを否定する趣旨までを含むものではない。

　要するに、法人税法が損金性を認めるかどうかは、課税の公平性という点から決めているのであって、それと会社法で退職慰労金（報酬等）に関する請求権があるか否かを決めるのとは関係ないというのです。

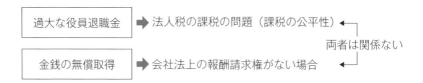

　したがって、法人税法では過大な退職慰労金であっても、会社に対する報酬請求権がない＝無償等による処分になるとは限らないのです。しかし、この判決は別の基準を持ち込んで第二次納税義務を否定しませんでした。

【裁判所の判断（その2）…報酬請求権はあっても無償取得になる】

　（損金とならない過大な退職慰労金であっても、その）すべてが当該役員の職務の執行又は功労と全く無関係に支給されたものと即断することはできず、それが、右職務の執行又は功労と無関係に支払われたもので、国税徴収法39条が第二次納税義務が成立するための要件として規定する、無償又は著しく低額の対価による財産の処分に該当するかどうかは、当該役員の職務又は功労の内容、程度、勤務年数等と対比して別途に判断されるべきものである。

　【事例2】の判決は、役員Ｂらに退職慰労金を支給したのは、Ａ社が保有資産を売却した際に課される法人税を回避するために、役員Ｂらに退職慰労金を支給したのであって、「それぞれの役員らに支給する退職金の金額は、その合計額が本件土地建物の売却益にほぼ相当するように設定されたもので、それぞれの役員らの職務執行及び功労と退職金の金額との対価的均衡を考慮した上で決定されたものではないことは明らか」という認定をしています。

　ですから裁判所は、そうした事情を踏まえ、第二次納税義務を取り消すべきでないとして、役員らに退職慰労金に関する請求権が存在する場合で

あっても、その中に通常はあり得ない不相当な金額があればそれは「対価的均衡を著しく欠く」として、徴収法第 39 条の解釈として無償等の判断をしたと考えます。

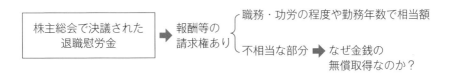

　しかし株主総会決議を経て支給されている以上は、B らには A 社に対して報酬等の請求権があることは否定できず、それが無いこと（無償性）を理由に徴収法第 39 条を適用した【事例 1】の場合の考え方は使えません。【事例 2】の判決は私法（商法）をベースにした無償性ではなく、第二次納税義務を課税と同じように「事実に即した要件事実の認定をおこなうこと」（金子・租税法（第 24 版）148 頁）で無償性を判断したと思われますが、この両方を認めてしまうのは一貫性がないように思います。

（3）退職慰労金と残余財産の分配

　【事例 2】は、役員らに支払われた退職慰労金のうち、通常はあり得ない額は無償等による財産処分だとして徴収法第 39 条の第二次納税義務を課した場合でした。次は、退職慰労金として相当な部分も含めて、その全額につき徴収法第 34 条の第二次納税義務を課したケースです。

　小規模なオーナー会社では、会社の支配株主が経営者として役員を兼ねている場合がほとんどですが、そうなると会社から金銭を得た場合に、それが役員としての立場で受け取ったのか、それとも株主の立場で受け取ったのか両方があり、それに伴い第二次納税義務の適用に違いが出ます。

【事例3】（参考：東京高裁平成26年12月8日判決）

　テナントビルを運営する A 社は、経営悪化に伴いテナントビルを売却して事業を清算することにした。株主総会を開催した上で、ビルの譲渡代金から金融機関への弁済を差し引いた残額の 2 億 6,000 万円を退職慰労金として役員 B らに支給する決議を行い、金銭を交付した。T 税務署長は、滞納になった A 社のビルの譲渡等に係る税金を徴収するため、B が取得した金銭は残余財産の分配に当たるとして、徴収法第 34 条の第二次納税義務を賦課した。

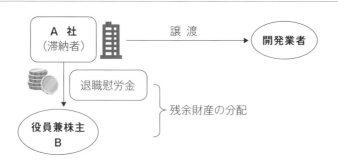

①　徴収法第34条の第二次納税義務

　会社を消滅させる清算（会 475）をしたときは、債務の弁済をした後でなければ株主等の出資者への財産の分配をすることができず（会 502）、清算人がこれに反して残余財産の分配をしたときは、悪意または重過失があれば債権者に対して損害賠償の責任を負います（会 487 ①）。徴収法第 34 条の第二次納税義務は、この会社法の規定から、滞納税金を納付せずに残余財産を分配してしまったときに、清算人及び分配を受けた者に対して納

付の責任を負わせるものです。

したがって、「滞納会社が解散をしていること」及び「残余財産の分配がされていること」が、第二次納税義務が成立するために必要です。

(注)　徴収法第 34 条は会社法をベースにしているので、会社法に定める解散がされているときに限り適用され、事実として解散状態にある場合には適用されません（徴基通 34-1）。

②　退職慰労金と残余財産の分配

退職慰労金は、役員の在職中における職務執行の後払い的な対価として支給されるものです。それに対して残余財産の分配は、会社が清算された際の株主に対する出資の払戻しですから、全く別のものです。ですから裁判で B は、株主総会で決議した退職慰労金の支払いのうち、役員としての勤務年数や平均功績倍率等を勘案して適正な額として支給された部分は第二次納税義務を取り消すべきと主張しました。【事例 2】の判決を踏まえるならば、認められる主張です。

【裁判所の判断（原審：東京地判平26.7.3…株主総会決議等は仮装）】

　本件支給決議がされた当時の本件滞納会社の状況に鑑みれば、B は、本件滞納会社の代表取締役として、本件株主らに本件退職慰労金を支払った

場合には、本件滞納会社が債務超過になり、本件滞納国税を納付できなく
なることを当然認識していたものと認められる。

　以上の各事情によれば、本件支給決議は、B の意向により、本件滞納会
社に残った積極財産について、本件滞納国税の納税義務の履行を一切考慮
することなく、本件退職慰労金支給の名目で本件株主らに対し分配し、更
にはその一部を X 社に移転させるための仮装のものにすぎないというこ
とができる。

　かなり割り切った判断といえます。裁判所は B がいわゆるワンマン経
営者で、他の役員も B が決めたことに意見もいえない独善状態にあった
ことから、株主総会といっても事実上は機能していないこと。B の一存で、
A 社に課せられる税金のことはお構いなしに、テナントビルの譲渡代金
を懐に入れてしまったことなどの状況を踏まえて、株主総会での決議その
ものを仮装と判断しました。

株主総会決議は仮装	➡ 退職慰労金に係る 請求権は存在しない	➡ 第二次納税義務は適法

　こうした割り切りがされても、退職慰労金として全く認められないのか
というのが、B 側の主張です。

【裁判所の判断（東京高判平26.12.8…株主総会決議等は仮装】

　本件支給決議が仮装のものである以上、本件支給決議の退職慰労金のう
ち、相当な範囲の一部を適正な退職慰労金と評価し、その支給を正当な債
務の弁済と認めることはできない。

　株主総会の決議が存在していない（仮装）以上は、退職慰労金を支払う

根拠（会 361 ①）がないので、主張しても無駄ということです。結論はそうですが、議事録等を作成して形式的には存在している株主総会の決議を仮装というためには、その立証責任は税務署側にあります。そして仮装の立証は第Ⅲ部第 1 章の事例（仙台高裁平 6.2.28 判決）で見たように、かなり難しいところがあります。【事例 3】の場合は、B がすべて一存でやったことが決め手になっていますが、もし株主らの合議で株主総会が行われていた場合には、仮装だと断じることは難しかったと思います。

		株主に対する残余財産の分配
株主総会決議は仮装	➡ 退職慰労金ではない	役員に対する贈与等？

　また、徴収法第 34 条を適用するには、株主としての立場で B が金銭を取得していることが要件として求められます。判決では、株主総会の決議が仮装である以上は退職慰労金にはならず、したがって B は株主の立場で分配を受けたとしていますが、B が金銭を取得する理由は他にもあるはずです。役員慰労金として社外流出させることで、A 社に課せられた税金の納税を回避する、いわば納税に関する回避行為という側面がこの事例にはあります。裁判所の判断もそれを意識して第二次納税義務の成立を認めたのだと思いますが、【事例 2】と同様に、徴収法第 34 条の「残余財産の分配」に当たるか否かについては、「仮装された事実や法律関係ではなく、隠蔽ないし秘匿された事実や法律関係に従って課税が行われなければならない」（金子・租税法（第 24 版）150 頁）という考え方で判断がされたと思われます。

第 5 節　株主への配当と第二次納税義務

　【事例1】から【事例3】までは、会社の金銭を役員として取得していた場合に、第二次納税義務を賦課したケースです。次に、株主の立場で金銭を取得していた場合に、徴収法第39条の無償等の第二次納税義務を課したケースです。

【事例4】（参考：東京高裁昭和55年9月18日判決）

　不動産業者のBらは土地の転売で利益を得ようと計画し、本件土地を所有するA社の株式を5,300万円で取得し、その上でA社に本件土地を8,500万円で売却させて、差額の3,200万円をBらは取得していた。これら取引が無申告であったため、T税務署長はA社に対して、本件土地の譲渡課税として法人税の更正処分を行うとともに、Bらに対する金銭の交付を配当所得として源泉所得税を決定した。A社への課税が滞納になったことから、T税務署長はBらが受けた金銭は無償等による取得だとして徴収法第39条の第二次納税義務を賦課した。

　会社から金銭を取得したケースですが、これまでは賞与あるいは退職慰労金として役員の立場でしたが、今度は株主としての立場（配当）です。この場合も【事例1】と同様に、会社に対しては配当所得に係る源泉所得税を課税する一方で、徴収ではそれを無償による金銭の取得として無償譲渡等の第二次納税義務を課しています。

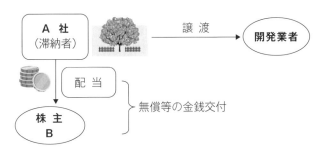

（1）利益の配当とは

　配当所得とは、株主や出資者が会社から受ける剰余金や利益の配当、剰余金の分配などに係る所得をいいます（国税庁タックスアンサー No.1330「配当金を受け取ったとき」）。そして、配当所得とされる「利益の配当」は、会社の事業活動によって得た利益を株主等に分配するもので、株主等の投下した資本に対するリターンとしての「対価性がある」から、無償による金銭の交付ではないという主張が訴訟でされました。確かに、株主等への利益の配当を、すべて無償だといってしまうのは、投資に対するリスクを考慮していませんから無理があります。

　では、利益の配当は対価性が認められるので、すべて無償にはならないかというと、そうでもありません。

（2）違法な利益配当

　役員報酬の場合と同様に、会社法は利益の配当についても制限を設けています（分配可能額：会 461 ①）。会社は継続的に事業を営む存在なので、

自己資本を毀損するような資本の流出をさせないためです。しかし、制限を超えて分配をしてしまった場合（いわゆる「たこ配当」）はどうなるかというと、違法な配当を受けた者の返還義務（会462）を前提に、現在の会社法は有効と考えられています。そうなると、役員報酬のときのように、会社法上で認められていない金銭の交付は報酬等ではない、したがって無償による金銭の取得になるというロジックは使えないことになります。

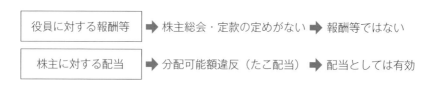

（3）配当所得の対価性

　所得税法が規定する配当所得は「剰余金の配当」「利益の配当」などが列挙され（所24①）、それ以上の説明はありませんが、一般的には「会社の株主等が出資の割合に応じて会社から支払いを受ける利益の配当」とされています（金子・租税法（第24版）229頁）。そこでは投資に対する対価性は問題ではなく、出資に応じた金銭の分配を得ていることが課税の要件になっています。

　ですから配当所得には、投資に対するリターンといった対価性が認められないものであっても、株主としての地位に基づいて分配を受けていれば、その内容に関係なく含まれます。

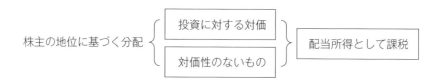

すなわち配当所得には、投資に対する直接の対価として得たものと、そうでないものの両方があり、それらを特に区別することなく課税しているのです。その点で、認定賞与が給与等を前提にして、所得税法の上では給与等＝職務執行の対価であることを一応、認めているのとは異なります。

（4）配当所得とされた場合の第二次納税義務

　一般的には、配当所得とされた場合であっても、投資に対する対価として得たものであれば、無償等の第二次納税義務の対象にはなりません。しかし、配当所得には対価性のないものも含まれるので、そのような対価性のない場合には第二次納税義務が課せられます。

　【事例4】のケースは、A社は株式会社とはいっても、利益配当を受けたBらが独占して会社を支配し、意のままに会社の財産を処分できる立場にあったこと。そしてA社が唯一の財産であった本件土地を譲渡した代金は必要な支払いに充てた他は、すべてBらが取得していたという事実関係を踏まえて、直ちに無償による金銭の取得という判断をしています。そこでは、配当所得についての対価性の有無は判断にありません。

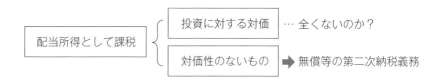

第 6 節　事業廃止に伴う会社資産の譲渡と第二次納税義務

　ここまでの【事例2】から【事例4】までを通観すると、株主と経営者が同一のいわゆるオーナー会社において、会社資産を売却してその代金をオーナーがそっくり自分の手に収めてしまい、会社に課せられた税金が滞

納になったケースです。その際には、第二次納税義務の追及がされるリスクが生じます。

　しかし訴訟で争いになったときは、それぞれの事例の中で説明したように、税金を放置して譲渡代金を手にしたオーナーに責任を負わせる趣旨から、第二次納税義務を是認していますが、論理的に弱いところも見られます（第4節「⑵　過大な退職慰労金と第二次納税義務」）。そうした点につき、譲渡代金を手にすることを金銭の無償取得ではなく、もう一つの成立要件である「その他第三者に利益を与える処分」で徴収法第39条の第二次納税義務を課した事例があります。

第 7 節　異常な利益供与と第二次納税義務

　会社法という私法をベースに、第二次納税義務の要件を満たすかを判断することでスタートした、オーナー経営者が会社の金銭を丸取りしたことに対する徴収法第39条の第二次納税義務の追及ですが、会社法が認める報酬等の請求権があるのに無償等というのか、あるいは配当において投資に対する対価性をまったく認めないのか、という点で適用にハードルがあります。また、会社法などの私法ではなく、課税における考え方（事実に即した要件事実の認定）で第二次納税義務を認める判断もありますが、いささか一貫性がありません。徴収法第39条の要件として「無償性」に拘るならば、私法をベースにするのか、実態に即するのかという立場の違いが生じるのですが、無償性は問わずに「利益を与える処分」というかなりフリーな要件で、徴収法第39条の適用を認める判決が出されています。

─【事例5】（参考：東京高裁平成26年11月26日判決）─────

　　大規模な投資ファンドを組成するMらは、海外のタックスヘイブンにある資金を課税されずに国内に持ち込むことを企画し、海外のMJファンドからA社に業務委託費の形で158億円を支払い、続けてMの資産管理

会社である O 社に利益配当の形で 150 億円を支払った。T 国税局長は、A 社に別途に課せられた法人税を徴収するため、O 社に対する利益配当は「異常な利益を与える処分」であるとして徴収法第 39 条の第二次納税義務を賦課した。

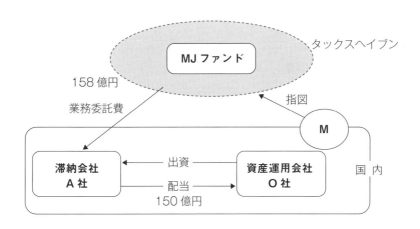

（1）徴収法第39条の成立要件

　徴収法第 39 条が成立するのは、滞納者が「財産」につき「無償又は著しく低い額の対価による譲渡」、「債務の免除」、「その他第三者に利益を与える処分」をした場合です。

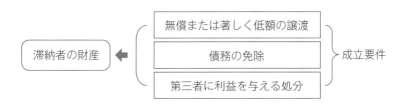

　徴収法第 39 条の目的は、滞納処分の対象になる「滞納者の財産」の価値を一方的に減損する行為があったときに、詐害行為取消権（民 424）という手段でなく、その行為で利得を得た者から直接に税債権を徴収するこ

とです。ですから、行為が譲渡であれば無償または著しく低額によるもの、一方的な債務免除、そして滞納者の積極財産の減少の結果としての利益供与（地上権の設定等）を対象にします（徴基通39-5）。その点で【事例2】及び【事例4】の判決を見ると、いずれも対価のない財産の譲渡＝無償性を前提に第二次納税義務の成立を認めていますが、そうした無償性の判断を経ずに成立を認める判決（東京地判昭45.11.30）があります。

（2）異常な利益と無償性

【事例6】（東京地裁昭和45年11月30日判決）

　徴収法39条の規定する無償譲受人等の第二次納税義務は、滞納者が純粋な経済的動機からは考えられないような処分行為をしたことによって国税の徴収を免れる結果を招来した場合に、当該処分行為により異常な利益を受けている第三者に対して、一定の限度で、滞納者の滞納に係る国税につき納付義務を負担させる制度であるから、同条所定の処分行為は、必らずしも贈与、売買、債務免除、財産分与等特定の行為類型に属することを必要とせず、これら各種の約因を帯有する行為であっても、それによって第三者に異常な利益を与えるものであれば足りる、と同時に、無償又は著しく低い対価による譲渡等であっても、実質的にみてそれが必要かつ合理的な理由に基づくものであると認められるときは、右の処分行為に該当しないと解するのが相当である。

　【事例6】の判決は、長年別居状態であった妻にそれまでの子供等への養育費や慰謝料の意味を含めて金銭を贈与したことの無償性等が争われた事案です。判決は「贈与」という無償性そのものに課した第二次納税義務を取り消すためのロジックですが、徴収法第39条の成立において、必ずしも無償等の事実は要件ではなく、滞納者が「純粋な経済的動機からは考えられないような処分行為」をして、それで第三者が「異常な利益」を受

けていれば成立するとしたことです。この判断を踏まえて第二次納税義務を認めたのが【事例5】の判決です。

【裁判所の判断…徴収法第39条の成立要件】

　徴収法39条にいう「第三者に利益を与える処分」とは、滞納者の積極財産の減少の結果、第三者に利益を与えることとなる処分をいい、また、当該利益が株式に対する配当であるときは、それが、滞納者である会社の株主に異常な利益を与え、実質的にみてそれが必要かつ合理的な理由に基づくものとはいえないと評価できることを要すると解される。

　【事例5】の判決は投資に対する対価という点で、対価性の判断が難しい「利益配当」に限定していますが、少なくとも「対価性」や「無償又は著しく低額」といった事実の認定は必要なく、行われた行為に「実質的な必要性や合理性」がなく、それで「異常な利益」を得ていれば、徴収法第39条の第二次納税義務が適用されるとしています。会社からの資金の社外流出を金銭の贈与（無償取得）とみるか、それとも利益供与とみるか、どちらの事実認定も可能ですが、少なくとも無償性を問題にするときは対価性の有無が問題になります。ところが利益供与の場合は、積極財産の減少（金銭の流出）があれば対価性は要件に問われていないので、必ずしも明確でない基準ですが、異常性という物差しにより第二次納税義務が成立することになります。

　そうなると、滞納者から退職慰労金を受け取っていた場合には、それを受け取る法的根拠（株主総会の決議等）がなくても、あるいは利益配当について投資に対する対価性を評価しなくても、【事例2】や【事例4】のように、オーナー経営者が会社の金銭を丸取りしていた場合には、私法をベースにするのか、あるいは課税のように「事実に即した要件事実の認定をするのか」といったことに関係なく、退職慰労金や投資に対する配当としての「合理性」がない範囲で、第二次納税義務は成立することになります。

第 **4** 章

法人格否認の法理

第 **1** 節　財産帰属の判断基準

　事業の経営状況が悪化し、資金繰りがつかなくなった場合には、民事再生や破産などの手続が行われます。しかし、事業再生には資金を出してくれるスポンサーが必要ですし、破産等になれば会社は消滅して、経営者や従業員の明日からの生活という問題があります。そうしたことで、経営の悪化した会社を捨てて、法人を新しく作って事業を引っ越すといったことがされます。

　本章では、このような場合に、法律で「みなす」わけではありませんが、引越先の法人名義の財産を「滞納者に属する財産」として、「法人格否認の法理」により直接に差し押さえるケースを見てみます。

第 **2** 節　別会社への事業移転

　個人事業では、人は別人になれませんから、税金の滞納処分から逃げることはできません。しかし、法人は手続をすれば簡単に作れますし、それぞれが別の権利主体です。滞納処分の対象は「滞納者の財産」に限られますから（徴47①）、A 社の滞納について引越先の B 社の財産に滞納処分することはできません。また、会社のほとんどは有限責任ですから（会104）、会社の経営者に滞納税金の責任を求めることもできません。

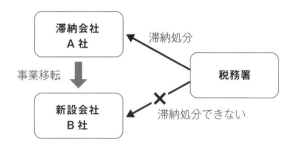

　こうした場合にまず検討されるのが、事業譲渡等の第二次納税義務（徴38）及び民法第 424 条の詐害行為取消権の行使（通 42）です。

（1）事業譲渡の第二次納税義務

　会社の事業を別会社に移転させた場合に、次の要件のすべてに該当するときは、別会社である B 社に第二次納税義務が課されます（徴 38）。

①　同族会社の判定基礎となる支配株主が、滞納会社と移転先の別会社で同じこと（徴令 13 ①六）

②　滞納会社から別会社に法定納期限の 1 年前の日以後に「事業譲渡」したこと

③　滞納会社と別会社が「同一又は類似の事業」を営んでいること

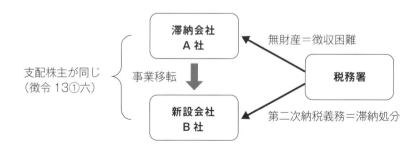

　第二次納税義務は、滞納者から滞納税金を徴収できない場合において（徴

収不足要件)、一定の要件に該当する場合に（個別成立要件)、滞納者でない者に対して一定額を限度として、滞納税金を代わりに納付する義務を負わせる制度です。あえていえば、「滞納者とみなす」制度といえるかもしれません。

　事業譲渡の第二次納税義務については、次の論点があります。

① **事業譲渡の内容**

　徴収法第 38 条の成立要件は「事業の譲渡」ですが、具体的な内容は示していません。国税庁の解釈では、旧商法第 245 条（現行会社法 467 ①）の営業譲渡に関する最高裁昭和 40 年 9 月 22 日判決を踏まえて、「一定の事業目的のため組織化され、有機的一体として機能する財産の全部又は重要な一部」の譲渡であるとしています（徴基通 38-9)。すなわち、会社を丸ごとか、あるいは会社の事業部門の「重要な一部」を移転させている場合が対象です。そうでなく会社財産を個別に譲渡した場合には、原則として徴収法第 38 条の第二次納税義務はかかりません。

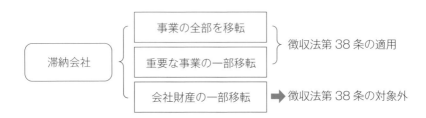

（注)　事業として譲渡したものが、すべて会社法第 467 条第 1 項の「事業の重要な一部」になるとは限りません。しかし、第二次納税義務は「徴収不足」の場合に発動し、譲渡側（滞納者）は廃業に近い状況にあるので、そのような際の事業譲渡は該当することになります。また、個別財産の契約の形を取っていても、全体として事業の譲渡に該当すれば、徴収法第 38 条の適用がされます。

②　会社分割

　事業を滞納会社から別会社に移す場合には、たいていは事業の全部を動かすので徴収法第 38 条のターゲットになりますが、事業再生で用いられる会社分割の場合にも適用できるかが問題になります。国税庁の解釈は、会社分割で事業の譲渡が行われた場合にも適用するとし（徴基通 38-9-⑷）、法令解釈において審判所は国税庁の解釈に一応は準拠しますから（通 99 ①）、会社分割による権利義務の承継は、実質において事業譲渡と同様の効果を目的とするとして、第二次納税義務を適用する旨の裁決が審判所から出されています（令 3.4.12 裁決）。

　しかし一方で、会社法で定めている事業譲渡と会社分割は法形式が違うので、両者を同視して適用することはできないという指摘もあります（浅田久治郎ほか『租税徴収実務講座Ⅲ（改正民法対応版）』129 頁）。

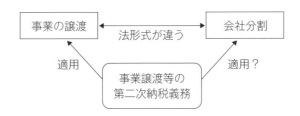

　徴収法第 38 条は、平成 28 年に要件を改正しています。「同一の場所」要件の廃止と、第二次納税義務の限度額を「物的」から「金銭的」に変更したことです。前者は、譲渡先との関係を「生計を一にする親族」及び「特定同族会社の被支配会社」に絞り込む一方で、事業形態の多様化に対応するため「場所基準」を外したと説明されています（吉国二郎ほか『国税徴収法精解』（令和 3 年版）371 頁）。徴収法第 38 条を作った当時は、「個人がその事業を自己の支配する法人に譲渡した場合等の合理的なものに限定すべき」とされて（昭和 33 年「租税徴収制度調査会答申」）、「同一の場所」要件がありましたが、事業再生のことを考えると、この「同一の場所」があ

る限り適用できるケースは少なくなります。

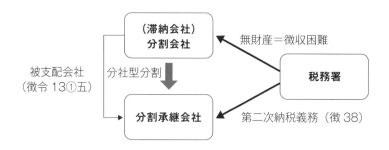

　また、後者は売掛金などで既に譲渡された財産が無くなっている場合も追及できるように、「譲受財産」に限る縛りを外しています（吉国二郎ほか『国税徴収法精解（令和3年版）』376頁）。

　会社を新設して会社分割がされた場合に、分割承継会社の株式を分割会社に交付する分社型分割は、国税通則法第9条の3の連帯納付責任から除外されているので、分割会社に残された滞納税金の徴収が問題になります。徴収法第38条の適用において、譲渡先との関係は事業譲渡がされた時の現況で判定しますから（徴令13②）、分割後に株式を譲渡しても「特定同族会社の被支配会社」要件は該当しますし、「同一の場所」要件も無くなっているので、分割承継会社の所在が違っていても適用ができます。

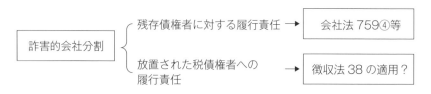

　また、平成 26 年の会社法改正で、詐害的会社分割がされた場合に残存債権者は「承継した財産の価額」を限度として履行を請求できる旨の規定（会 759 ④、764 ④）を置いたので、それと平仄を合わせて、第二次納税義務の限度額を「譲受財産の価額」という金銭的表現に変更した可能性があります。いわばこの徴収法の改正は、徴収法第 38 条に会社分割を取り込む意味もあってされたと思われます。

（2）詐害行為取消権

　詐害行為取消権（民 424）は、債務者がした詐害となる行為を取り消して、財産状態をその行為の前に戻すことにより、責任財産の保全を図る制度です。税債権も金銭債権であることからは、滞納者が詐害行為になる財産の処分をしたときは、訴訟で流出した財産を取り戻して、滞納処分をすることができます（通 42）。

①　詐害行為になる財産の処分

　債権者への弁済ができなくなることを知りつつ（害意）、債務者が自己の資産を減少する行為をすることを「詐害行為」といいます。典型的な例では、資産を安い値段で処分したり、第三者に贈与したりする場合があります。

　令和 2 年施行の民法改正では、相当の対価を得てした財産の処分行為は、債務者の責任財産の増減はないので、原則として詐害行為には該当しないとしつつ、ただし「隠匿等の処分」であるときは対象になるとしました（民 424 の 2）。

②　事業譲渡と詐害行為

　会社法においては、事業譲渡の際に相当の対価を支払っていたり、会社分割で株式を交付していても、残存債権者を害することを知って行った場合には、詐害行為取消権に代わる請求権行使ができるとしています（会 23 の 2 ①、759 ④、764 ④）。

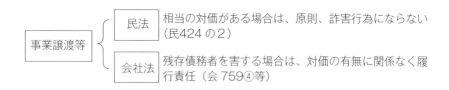

　ただし、これらの規定を滞納税金の追及に使えるかは、税債権は一般の私債権よりも不利益の取扱いを受ける理由はないことからすると（最判昭 31.4.24）、適用から除かれることはないと考えます。しかし、国税通則法第 42 条のような準用規定がないこと、強制換価手続の外で実定法上の根拠がないのに（最判昭 27.5.6 参照）、全額納付を求めて再生計画に一切協力しない税債権の対応などを考慮すると、適用には一定のハードルがあると考えます。そこから、債権者逃れが目的など「隠匿等の処分」でないと民法上の詐害行為が追及できないこと等を考慮すると、税債権の徴収においては、徴収法第 38 条の適用がされていくと考えます。

第 3 節　法人格否認の法理

　権利義務の帰属主体は、まずは自然人といわれる個人です。加えて、法律により設立された法人にも独立して権利義務の主体となる地位が与えられています（民 34）。ですから法人（一般的には会社）は独立した人格として納税者になりますが、そうした人格を認めることが社会の正義・衡平に反する結果をもたらすと認められる場合には、法人の存在を前提にしなが

らも（設立無効ではない）、問題になった個別の限りにおいて独立した人格を認めず、背後にある者と同一視する法律上の判断を「法人格の否認」といいます。これは、法律に明文の規定はなく、一般条項の「権利の濫用」を根拠に判例が認めた考え方です。

【最高裁昭和44年2月27日判決】

　法人格の付与は社会的に存在する団体についてその価値を評価してなされる立法政策によるものであって、これを権利主体として表現せしめるに値すると認めるときに、法的技術に基づいて行なわれるものなのである。従って、法人格が全くの形骸にすぎない場合、またはそれが法律の適用を回避するために濫用されるが如き場合においては、法人格を認めることは、法人格なるものの本来の目的に照らして許すべからざるものというべきであり、法人格を否認すべきことが要請される場合を生じるのである。

第 4 節　徴収における法人格否認

　滞納会社の経営者が新たに別の法人を作り、そちらにすべての事業を譲渡して、滞納税金を払わなかったときに、別会社の法人格を否認して、滞納会社に帰属する財産として滞納処分を行うケースがあります。

　なお一般条項による法人格否認は、無暗に使うものではありません。第二次納税義務や他の徴収方途が適用できるときは、それを理由に否認が認められないこともあります。

【事 例】（神戸地裁平成8年2月21日判決）

　運送業を営む A 社は、経営不振と刑事事件の発生から事業の継続が困難になっていた。代表者 B は自らの生活や従業員の雇用を考えて、新たに別法人 C 社を設立し、運送業の事業免許も A 社から C 社に譲渡し、取引先には社名変更の通知を出すなどして、事業を継続していた。A 社の滞納に対し税務署は、A 社と C 社は、従業員や事務所の変更がなく、運送車両も同じであること、また取引先とは A 社の契約により業務を行っていたことなどから、C 社名義の売掛金は A 社に帰属するとして差押えを行った。

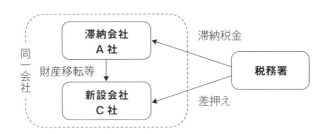

　法人格否認の法理が適用される場合には、「法人格が濫用される場合」と「法人格が形骸化している場合」があります。【事例】は「法人格が濫用される場合」です。

（1）法人格の濫用

　法人格の否認は「権利の濫用」という一般条項に基づくので（民1③）、基準を設けるのは困難です。そのため、具体的な事例毎に判断がされますが、法人格の濫用とされるには、法人格が株主個人または親会社により意のままに道具として支配されていること（支配の要件）、その法人格を利用することにつき支配者に違法または不当な目的があること（目的の要件）が、成否を判断する要素とされています（最判昭48.10.26、東京高判平24.6.4）。

法人格の濫用	背後者による会社の支配（支配の要件）
	不当な目的による法人格の利用（目的の要件）

①　支配の要件

　支配の要件は、滞納している A 社と別法人の C 社が同じ支配者の下で、意のままに使われていることですから、必ずしも支配者は株主であることに限られません。【事例】では、支配者である B は逮捕等により表に出られないことから、実質的な経営者に留まっています。

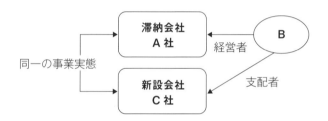

　しかし、①事務所が同一であること、②取引先や事業形態が同じであること、③従業員が退職等の手続もなくそのまま C 社で雇用されていること、④ A 社から C 社への事業譲渡の契約書が作成されていますが、対価の支払いや経理上の処理もされておらず、単に形式を整えたに過ぎないなどの事情を積み上げることで、両方の会社の同一性から B が支配者であるとしています。

②　目的の要件

　法人格の濫用は、不当または違法な目的で法人格を利用した場合に認められますが、個別の判断なので、その目的が滞納処分の追及を免れるためという関係性が求められます。

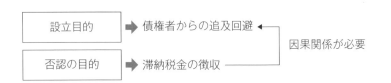

【事例】は、多くの債権者からの追及を免れるためにC社を設立したという前提の下に、滞納税金の徴収を免れる不当性を認めて、濫用としています。また、法人を設立する目的が消費税の免税制度を利用した不正還付だった場合に、その更正処分に係る消費税の滞納の徴収において法人格の濫用を認めた事例があります（大阪地判岸和田支部平22.1.15）。

（2）租税関係と法人格の否認

第 III 部第2章で説明したように、別段の規定がない限り、租税の徴収において税債権を私法上の債権と区別する理由はないとするのが、現在の通説的な考え方です。そのため、私人間の取引保護を目的とする法人格否認の法理は、滞納処分に適用があると考えられています（金子・租税法（第24版）1055頁）。

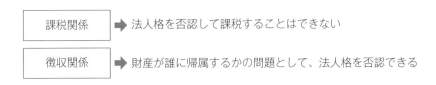

租税関係においても一般条項の考え方は適用されると考えますが（参考：最判昭62.10.30）、課税関係においては、法人格否認の法理は適用できません（金子・租税法（第24版）186頁）。租税回避が目的であっても法的に存在する法人を無視できないので、実際に存在する法律関係から離れて課税をすることは、租税法律主義の点で許されないからです。同じく租税法律

主義の下ですが、徴収法が規定するのは「滞納者の財産」です（徴 47 ①）。滞納処分の対象が「滞納者に帰属するか否か」は、私法上の判断（その中に「法人格否認」も含まれる）によりますから、法律の適用を拡張したり、反したりするものではないという解釈です。

（3）滞納処分と法人格の否認

　滞納処分と強制執行は、公（税）債権か私債権の違いはありますが、強制的に債権の実現を図るという、目的を同じくする手続です。【事例】は、A 社に対する滞納税金で、法人格を否認して、C 社の財産に滞納処分をしたケースです。しかしながら、A 社を相手とする債権に基づいて、法人格を否認して C 社の財産に対して強制執行を申し立てることはできません（最判昭 53.9.14）。

①　強制執行と法人格の否認

【最高裁昭和53年9月14日判決】（要旨）

　法人格否認の法理により自己と A 社に対する債権を C 社に対しすることができるとしても、権利関係の公権的な確定及びその迅速確実な実現をはかるために手続の明確、安定を重んずる強制執行手続においては、その手続の性格上 A 社に対する判決の既判力及び執行力の範囲を C 社にまで拡張することは許されない。

　この判決の意味するところは、A 社に対する債務名義（既判力・執行力）しかないのに、それを「拡張」して、C 社の財産に対する差押えを裁判所に求めることはできないというものです。

　強制執行においては、権利を確定する司法裁判所が債務名義に執行文を付与して執行力を判決に持たせます。それを受けて強制執行を担う執行裁判所は、別の機関です。司法裁判所が認めた権利を、いわば執行裁判所は請負的に実行するだけですから、勝手に権利の内容を変えることはできません。したがって、Ａ社に対する債務名義しかないのに、執行裁判所側で「法人格を否認」して…執行力を拡張して、Ｃ社の財産を差し押さえることは許されません。しかし、そのような手続上の役割分担のない滞納処分は違います。

②　滞納処分の差押え

　滞納処分は、確定した税債権が納期限を過ぎても納付がなければ、督促状の発付を前提に、滞納者の財産を差し押さえします（徴47①）。そこには強制執行のような、執行文を媒介にした司法裁判所と執行裁判所の役割分担みたいなものはないので、昭和53年最判の判断は影響されません。そして、法人格の否認は詐害行為取消権の行使のように（民424①）、裁判所に訴えなければ行使できないものではありませんから、滞納処分でどのように使われるかを考えてみます。

➡ 直接差押え型

　財産の帰属は、私法上の判断により決まります。その判断の中に「法人格の否認」が含まれるのですから、これは「滞納者に帰属するか否か」という財産の帰属の問題になります（東京地判平18.6.26）。したがって、滞納処分においては、「Ｃ社の財産はＡ社に帰属する」という形で、差押えがされます。

➡ 帰属認定方式

　帰属の問題として扱う以外に、法人格を濫用しているC社はA社その
ものであるとして、いわばC社に対して「法人格の否認を理由とする第
二次納税義務」を課して、C社そのものに滞納処分をかけていく方法が考
えられます（西川勝利「滞納処分における法人格否認の法理の適用について」
税大論叢30号416頁）。ただしこれは、C社という法的に存在する法人を
無視して、A社と同一視するいわば課税と同じ考え方をベースにします
ので、法律による規定がなければ、課税の場合と同様にできないと考える
べきです。

③　法人格否認を使った場合のリスク

　法人格の濫用を理由に、C社の財産がA社に帰属するとして差し押さ
えた場合に、C社の存在が濫用と認められなかった場合には、それは滞納
者でない第三者の財産に対する差押えになり、違法な滞納処分になります。
さしたる証拠もなく、「C社ことA社」とか「滞納者がC社名義で有する」
など安易に帰属を認定して差し押さえると、損害賠償責任の問題も生じま
すから、適用に当たっては十分な証拠と検討が必要です。

参考資料

関連条文

以下に、**序章**で引用した条文を参考までに掲載します。

Step 2　納税義務者

第3条（人格のない社団等に対するこの法律の適用）

「人格のない社団等は、法人と<u>みなして</u>、この法律（第75条の4（電子情報処理組織による申告）及び別表第二を除く。）の規定を適用する。

第4条の2（法人課税信託の受託者に関するこの法律の適用）

「法人課税信託の受託者は、各法人課税信託の信託資産等（信託財産に属する資産及び負債並びに当該信託財産に帰せられる収益及び費用をいう。以下この章において同じ。）及び固有資産等（法人課税信託の信託資産等以外の資産及び負債並びに収益及び費用をいう。次項において同じ。）ごとに、それぞれ別の者と<u>みなして</u>、この法律（第2条第二十九号の二（定義）、前条及び第12条（信託財産に属する資産及び負債並びに信託財産に帰せられる収益及び費用の帰属）並びに第六章（納税地）並びに第五編（罰則）を除く。以下この章において同じ。）の規定を適用する。」

第4条の3（受託法人等に関するこの法律の適用）

「受託法人（法人課税信託の受託者である法人（その受託者が個人である場合にあつては、当該受託者である個人）について、前条の規定により、当該法人課税信託に係る信託資産等が帰属する者としてこの法律の規定を適用する場合における当該受託者である法人をいう。以下この条において同じ。）又は法人課税信託の受益者についてこの法律の規定を適用する場合には、次に定めるところによる。

（中略）

　六　法人課税信託の受益権は株式又は出資と<u>みなし</u>、法人課税信託の受益者は株主等に含まれるものとする。この場合において、その法人課税信託の受託者である法人の株式又は出資は当該法人課税信託に係る受託法人の株式又は出資でないものと<u>みなし</u>、当該受託者である法人の株主等は当該受託法人の株主等でないものとする。」

第12条（信託財産に属する資産及び負債並びに信託財産に帰せられる収益及び費用の帰属）

「信託の受益者（受益者としての権利を現に有するものに限る。）は当該信託の信託財産に属する資産及び負債を有するものとみなし、かつ、当該信託財産に帰せられる収益及び費用は当該受益者の収益及び費用とみなして、この法律の規定を適用する。ただし、集団投資信託、退職年金等信託、特定公益信託等又は法人課税信託の信託財産に属する資産及び負債並びに当該信託財産に帰せられる収益及び費用については、この限りでない。

2　信託の変更をする権限（軽微な変更をする権限として政令で定めるものを除く。）を現に有し、かつ、当該信託の信託財産の給付を受けることとされている者（受益者を除く。）は、前項に規定する受益者とみなして、同項の規定を適用する。

3　法人が受託者となる集団投資信託、退職年金等信託又は特定公益信託等の信託財産に属する資産及び負債並びに当該信託財産に帰せられる収益及び費用は、当該法人の各事業年度の所得の金額の計算上、当該法人の資産及び負債並びに収益及び費用でないものとみなして、この法律の規定を適用する。

4　この条において、次の各号に掲げる用語の意義は、当該各号に定めるところによる。

一　退職年金等信託　第84条第1項（退職年金等積立金の額の計算）に規定する確定給付年金資産管理運用契約、確定給付年金基金資産運用契約、確定拠出年金資産管理契約、勤労者財産形成給付契約若しくは勤労者財産形成基金給付契約、国民年金基金若しくは国民年金基金連合会の締結した国民年金法（昭和34年法律第141号）第128条第3項（基金の業務）若しくは第137条の15第4項（連合会の業務）に規定する契約又はこれらに類する退職年金に関する契約で政令で定めるものに係る信託をいう。

二　特定公益信託等　第37条第6項（寄附金の損金不算入）に規定する特定公益信託及び社債、株式等の振替に関する法律（平成13年法律第75号）第2条第11項（定義）に規定する加入者保護信託をいう。

5　受益者が二以上ある場合における第1項の規定の適用、第2項に規定する信託財産の給付を受けることとされている者に該当するかどうかの判定その他第1項から第3項までの規定の適用に関し必要な事項は、政令で定める。

Step 3　課税物件

第 24 条（配当等の額とみなす金額）

第 1 項　「法人（公益法人等及び人格のない社団等を除く。以下この条において同じ。）の株主等である内国法人が当該法人の次に掲げる事由により金銭その他の資産の交付を受けた場合において、その金銭の額及び金銭以外の資産の価額（適格現物分配に係る資産にあつては、当該法人のその交付の直前の当該資産の帳簿価額に相当する金額）の合計額が当該法人の資本金等の額のうちその交付の基因となつた当該法人の株式又は出資に対応する部分の金額を超えるときは、この法律の規定の適用については、その超える部分の金額は、第 23 条第 1 項第一号又は第二号（受取配当等の益金不算入）に掲げる金額と<u>みなす</u>。

　一　合併（適格合併を除く。）

　二　分割型分割（適格分割型分割を除く。）

　三　株式分配（適格株式分配を除く。）

　四　資本の払戻し（剰余金の配当（資本剰余金の額の減少に伴うものに限る。）のうち分割型分割によるもの及び株式分配以外のもの並びに出資等減少分配をいう。）又は解散による残余財産の分配

　五　自己の株式又は出資の取得（金融商品取引法第 2 条第 16 項（定義）に規定する金融商品取引所の開設する市場における購入による取得その他の政令で定める取得及び第 61 条の 2 第 14 項第一号から第三号まで（有価証券の譲渡益又は譲渡損の益金又は損金算入）に掲げる株式又は出資の同項に規定する場合に該当する場合における取得を除く。）

　六　出資の消却（取得した出資について行うものを除く。）、出資の払戻し、社員その他法人の出資者の退社又は脱退による持分の払戻しその他株式又は出資をその発行した法人が取得することなく消滅させること。

　七　組織変更（当該組織変更に際して当該組織変更をした法人の株式又は出資以外の資産を交付したものに限る。）」

第 2 項　「合併法人が抱合株式（当該合併法人が合併の直前に有していた被合併法人の株式（出資を含む。以下この項及び次項において同じ。）又は被合併法人が当該合併の直前に有していた他の被合併法人の株式をいう。）に対し当該合併による株式その他の資産の交付をしなかつた場合においても、政令で定めるところにより当該合併法人が当該株式その他の資産の交付を受けたものと<u>みなして</u>、前項の規定を適用する。」

第 3 項　「合併法人又は分割法人が被合併法人の株主等又は当該分割法人の株主等に対し合併又は分割型分割により株式その他の資産の交付をしなかつた場合においても、当該合併又は分割型分割が合併法人又は分割承継法人の株式の交付が省略されたと認められる合併又は分割型分割として政令で定めるものに該当するときは、政令で定めるところによりこれらの株主等が当該合併法人又は分割承継法人の株式の交付を受けたものと<u>みなして</u>、第 1 項の規定を適用する。」

第 25 条・資産の評価益の益金不算入

第 5 項　「第 1 項の規定の適用があつた場合において、同項の評価換えにより増額された金額を益金の額に算入されなかつた資産については、その評価換えをした日の属する事業年度以後の各事業年度の所得の金額の計算上、当該資産の帳簿価額は、その増額がされなかつたものと<u>みなす</u>。」

第 37 条（寄附金の損金不算入）

第 5 項　「公益法人等がその収益事業に属する資産のうちからその収益事業以外の事業のために支出した金額（公益社団法人又は公益財団法人にあつては、その収益事業に属する資産のうちからその収益事業以外の事業で公益に関する事業として政令で定める事業に該当するもののために支出した金額）は、その収益事業に係る寄附金の額と<u>みなして</u>、第 1 項の規定を適用する。ただし、事実を隠蔽し、又は仮装して経理をすることにより支出した金額については、この限りでない。」

第 6 項　「内国法人が特定公益信託（公益信託ニ関スル法律（大正 11 年法律第 62 号）第 1 条（公益信託）に規定する公益信託で信託の終了の時における信託財産がその信託財産に係る信託の委託者に帰属しないこと及びその信託事務の実施につき政令で定める要件を満たすものであることについて政令で定めるところにより証明がされたものをいう。）の信託財産とするために支出した金銭の額は、寄附金の額と<u>みなして</u>第 1 項、第 4 項、第 9 項及び第 10 項の規定を適用する。この場合において、第 4 項中「）の額」とあるのは、「）の額（第 6 項に規定する特定公益信託のうち、その目的が教育又は科学の振興、文化の向上、社会福祉への貢献その他公益の増進に著しく寄与するものとして政令で定めるものの信託財産とするために支出した金銭の額を含む。）」とするほか、この項の規定の適用を受けるための手続に関し必要な事項は、政令で定める。」

Step 4　課税物件の帰属

第57条（欠損金の繰越し）青色申告書を提出した事業年度の欠損金の繰越し

第1項「内国法人の各事業年度開始の日前10年以内に開始した事業年度において生じた欠損金額（この項の規定により当該各事業年度前の事業年度の所得の金額の計算上損金の額に算入されたもの及び第80条（欠損金の繰戻しによる還付）の規定により還付を受けるべき金額の計算の基礎となつたものを除く。）がある場合には、当該欠損金額に相当する金額は、当該各事業年度の所得の金額の計算上、損金の額に算入する。ただし、当該欠損金額に相当する金額が損金算入限度額（本文の規定を適用せず、かつ、第59条第3項及び第4項（会社更生等による債務免除等があつた場合の欠損金の損金算入）並びに第62条の5第5項（現物分配による資産の譲渡）の規定を適用しないものとして計算した場合における当該各事業年度の所得の金額の100分の50に相当する金額をいう。）から当該欠損金額の生じた事業年度前の事業年度において生じた欠損金額に相当する金額で本文の規定により当該各事業年度の所得の金額の計算上損金の額に算入される金額を控除した金額を超える場合は、その超える部分の金額については、この限りでない。」

第2項「前項の内国法人を合併法人とする適格合併が行われた場合又は当該内国法人との間に完全支配関係（当該内国法人による完全支配関係又は第2条第十二号の七の六（定義）に規定する相互の関係に限る。）がある他の内国法人で当該内国法人が発行済株式若しくは出資の全部若しくは一部を有するものの残余財産が確定した場合において、当該適格合併に係る被合併法人又は当該他の内国法人（以下この項において「被合併法人等」という。）の当該適格合併の日前10年以内に開始し、又は当該残余財産の確定の日の翌日前10年以内に開始した各事業年度（以下この項、次項及び第7項第一号において「前10年内事業年度」という。）において生じた欠損金額（当該被合併法人等が当該欠損金額（この項の規定により当該被合併法人等の欠損金額とみなされたものを含み、第4項から第6項まで、第8項若しくは第9項又は第58条第1項（青色申告書を提出しなかつた事業年度の欠損金の特例）の規定によりないものとされたものを除く。次項において同じ。）の生じた前10年内事業年度について確定申告書を提出していることその他の政令で定める要件を満たしている場合における当該欠損金額に限るものとし、前項の規定により当該被合併法人等の前10年内事業年度の所得の金額の計算上損金の額に算入されたもの及び第80条の規定により

還付を受けるべき金額の計算の基礎となつたものを除く。以下この項において「未処理欠損金額」という。）があるときは、当該内国法人の当該適格合併の日の属する事業年度又は当該残余財産の確定の日の翌日の属する事業年度（以下この項において「合併等事業年度」という。）以後の各事業年度における前項の規定の適用については、当該前10年内事業年度において生じた未処理欠損金額（当該他の内国法人に株主等が二以上ある場合には、当該未処理欠損金額を当該他の内国法人の発行済株式又は出資（当該他の内国法人が有する自己の株式又は出資を除く。）の総数又は総額で除し、これに当該内国法人の有する当該他の内国法人の株式又は出資の数又は金額を乗じて計算した金額）は、それぞれ当該未処理欠損金額の生じた前10年内事業年度開始の日の属する当該内国法人の各事業年度（当該内国法人の合併等事業年度開始の日以後に開始した当該被合併法人等の当該前10年内事業年度において生じた未処理欠損金額にあつては、当該合併等事業年度の前事業年度）において生じた欠損金額とみなす。

（中略）」

第4項　第1項の内国法人と支配関係法人（当該内国法人との間に支配関係がある法人をいう。以下この項において同じ。）との間で当該内国法人を合併法人、分割承継法人、被現物出資法人又は被現物分配法人とする適格合併若しくは適格合併に該当しない合併で第61条の11第1項（完全支配関係がある法人の間の取引の損益）の規定の適用があるもの、適格分割、適格現物出資又は適格現物分配（以下この項において「適格組織再編成等」という。）が行われた場合（当該内国法人の当該適格組織再編成等の日（当該適格組織再編成等が残余財産の全部の分配である場合には、その残余財産の確定の日の翌日）の属する事業年度（以下この項において「組織再編成事業年度」という。）開始の日の5年前の日、当該内国法人の設立の日又は当該支配関係法人の設立の日のうち最も遅い日から継続して当該内国法人と当該支配関係法人との間に支配関係がある場合として政令で定める場合を除く。）において、当該適格組織再編成等が共同で事業を行うための適格組織再編成等として政令で定めるものに該当しないときは、当該内国法人の当該組織再編成事業年度以後の各事業年度における第1項の規定の適用については、当該内国法人の同項に規定する欠損金額（第2項の規定により当該内国法人の欠損金額とみなされたものを含み、この項から第6項まで、第8項若しくは第9項又は第58条第1項の規定によりないものとされたものを除く。以下この項及び次項において同じ。）のうち次に掲げる欠損金額は、

ないものとする。

一　当該内国法人の支配関係事業年度（当該内国法人が当該支配関係法人との間に最後に支配関係を有することとなつた日の属する事業年度をいう。次号において同じ。）前の各事業年度で前10年内事業年度（当該組織再編成事業年度開始の日前10年以内に開始した各事業年度をいう。以下この項において同じ。）に該当する事業年度において生じた欠損金額（第1項の規定により前10年内事業年度の所得の金額の計算上損金の額に算入されたもの及び第80条の規定により還付を受けるべき金額の計算の基礎となつたものを除く。次号において同じ。）

二　当該内国法人の支配関係事業年度以後の各事業年度で前10年内事業年度に該当する事業年度において生じた欠損金額のうち第62条の7第2項に規定する特定資産譲渡等損失額に相当する金額から成る部分の金額として政令で定める金額

（中略）」

第6項　「通算法人が第64条の11第1項各号（通算制度の開始に伴う資産の時価評価損益）又は第64条の12第1項各号（通算制度への加入に伴う資産の時価評価損益）に掲げる法人（次項第一号及び第8項において「時価評価除外法人」という。）に該当しない場合（当該通算法人が通算子法人である場合において、当該通算法人について第64条の9第1項（通算承認）の規定による承認（以下この条において「通算承認」という。）の効力が生じた日から同日の属する当該通算法人に係る通算親法人の事業年度終了の日までの間に第64条の10第5項又は第6項（通算制度の取りやめ等）の規定により当該通算承認が効力を失つたとき（当該通算法人を被合併法人とする合併で他の通算法人を合併法人とするものが行われたこと又は当該通算法人の残余財産が確定したことに基因してその効力を失つた場合を除く。）を除く。）には、当該通算法人（当該通算法人であつた内国法人を含む。）の通算承認の効力が生じた日以後に開始する各事業年度における第1項の規定の適用については、同日前に開始した各事業年度において生じた欠損金額（同日前に開始した各事業年度において第2項の規定により当該各事業年度前の事業年度において生じた欠損金額とみなされたものを含む。）は、ないものとする。」

第7項　「通算法人を合併法人とする合併で当該通算法人との間に通算完全支配関係（これに準ずる関係として政令で定める関係を含む。以下この項において

同じ。）がある他の内国法人を被合併法人とするものが行われた場合又は通算法人との間に通算完全支配関係（当該通算法人による完全支配関係又は第2条第十二号の七の六に規定する相互の関係に限る。）がある他の内国法人で当該通算法人が発行済株式若しくは出資の全部若しくは一部を有するものの残余財産が確定した場合には、次に掲げる欠損金額については、第2項の規定は、適用しない。

　　一　これらの他の内国法人が時価評価除外法人に該当しない場合（当該合併（適格合併に限る。）の日の前日又は当該残余財産の確定した日がこれらの他の内国法人が通算親法人との間に通算完全支配関係を有することとなつた日の前日から当該有することとなつた日の属する当該通算親法人の事業年度終了の日までの期間内の日であることその他の政令で定める要件に該当する場合に限る。）におけるこれらの他の内国法人の前10年内事業年度において生じた欠損金額（第2項の規定によりこれらの他の内国法人の欠損金額とみなされたものを含む。）

　　二　これらの他の内国法人の第64条の8（通算法人の合併等があつた場合の欠損金の損金算入）の規定の適用がある欠損金額」

第8項　「通算法人で時価評価除外法人に該当するものが通算承認の効力が生じた日の5年前の日又は当該通算法人の設立の日のうちいずれか遅い日から当該通算承認の効力が生じた日まで継続して当該通算法人に係る通算親法人（当該通算法人が通算親法人である場合には、他の通算法人のいずれか）との間に支配関係がある場合として政令で定める場合に該当しない場合（当該通算法人が通算子法人である場合において、同日から同日の属する当該通算法人に係る通算親法人の事業年度終了の日までの間に第64条の10第5項又は第6項の規定により当該通算承認が効力を失つたとき（当該通算法人を被合併法人とする合併で他の通算法人を合併法人とするものが行われたこと又は当該通算法人の残余財産が確定したことに基因してその効力を失つた場合を除く。）を除く。）で、かつ、当該通算法人について通算承認の効力が生じた後に当該通算法人と他の通算法人とが共同で事業を行う場合として政令で定める場合に該当しない場合において、当該通算法人が当該通算法人に係る通算親法人との間に最後に支配関係を有することとなつた日（当該通算法人が通算親法人である場合には、他の通算法人のうち当該通算法人との間に最後に支配関係を有することとなつた日が最も早いものとの間に最後に支配関係を有することとなつた日。第一号に

おいて「支配関係発生日」という。）以後に新たな事業を開始したときは、当該通算法人（当該通算法人であつた内国法人を含む。）の当該通算承認の効力が生じた日以後に開始する各事業年度（同日の属する事業年度終了の日後に当該事業を開始した場合には、その開始した日以後に終了する各事業年度）における第1項の規定の適用については、次に掲げる欠損金額は、ないものとする。

　一　当該通算法人の支配関係事業年度（支配関係発生日の属する事業年度をいう。次号において同じ。）前の各事業年度で通算前10年内事業年度（当該通算承認の効力が生じた日前10年以内に開始した各事業年度をいう。以下この号及び次号において同じ。）に該当する事業年度において生じた欠損金額（第2項の規定により当該通算法人の欠損金額とみなされたものを含み、第1項の規定により通算前10年内事業年度の所得の金額の計算上損金の額に算入されたもの、第4項から第6項まで、この項若しくは次項又は第58条第1項の規定によりないものとされたもの及び第80条の規定により還付を受けるべき金額の計算の基礎となつたものを除く。次号において同じ。）

　二　当該通算法人の支配関係事業年度以後の各事業年度で通算前10年内事業年度に該当する事業年度において生じた欠損金額のうち第64条の14第2項（特定資産に係る譲渡等損失額の損金不算入）に規定する特定資産譲渡等損失額に相当する金額から成る部分の金額として政令で定める金額」

第9項　「通算法人について、第64条の10第5項の規定により通算承認が効力を失う場合には、その効力を失う日以後に開始する当該通算法人であつた内国法人の各事業年度における第1項の規定の適用については、同日前に開始した各事業年度において生じた欠損金額（同日前に開始した各事業年度において第2項の規定により当該各事業年度前の事業年度において生じた欠損金額とみなされたものを含む。）は、ないものとする。」

第10項　「第1項の規定は、同項の内国法人が欠損金額（第2項の規定により当該内国法人の欠損金額とみなされたものを除く。）の生じた事業年度について確定申告書を提出し、かつ、その後において連続して確定申告書を提出している場合（第2項の規定により当該内国法人の欠損金額とみなされたものにつき第1項の規定を適用する場合にあつては、第2項の合併等事業年度について確定申告書を提出し、かつ、その後において連続して確定申告書を提出している場合）であつて欠損金額の生じた事業年度に係る帳簿書類を財務省令で定める

ところにより保存している場合に限り、適用する。」

第62条の8（非適格合併等により移転を受ける資産等に係る調整勘定の損金算入等）

「内国法人が非適格合併等（適格合併に該当しない合併又は適格分割に該当しない分割、適格現物出資に該当しない現物出資若しくは事業の譲受けのうち、政令で定めるものをいう。以下この条において同じ。）により当該非適格合併等に係る被合併法人、分割法人、現物出資法人その他政令で定める法人（以下この条において「被合併法人等」という。）から資産又は負債の移転を受けた場合において、当該内国法人が当該非適格合併等により交付した金銭の額及び金銭以外の資産（適格合併に該当しない合併にあつては、第62条第1項（合併及び分割による資産等の時価による譲渡）に規定する新株等）の価額の合計額（当該非適格合併等において当該被合併法人等から支出を受けた第37条第7項（寄附金の損金不算入）に規定する寄附金の額に相当する金額を含み、当該被合併法人等に対して支出をした同項に規定する寄附金の額に相当する金額を除く。第3項において「非適格合併等対価額」という。）が当該移転を受けた資産及び負債の時価純資産価額（当該資産（営業権にあつては、政令で定めるものに限る。以下この項において同じ。）の取得価額（第61条の11第7項（完全支配関係がある法人の間の取引の損益）の規定の適用がある場合には、同項の規定の適用がないものとした場合の取得価額。以下この項において同じ。）の合計額から当該負債の額（次項に規定する負債調整勘定の金額を含む。以下この項において同じ。）の合計額を控除した金額をいう。第3項において同じ。）を超えるときは、その超える部分の金額（当該資産の取得価額の合計額が当該負債の額の合計額に満たない場合には、その満たない部分の金額を加算した金額）のうち政令で定める部分の金額は、資産調整勘定の金額とする。

（中略）

9　内国法人が自己を被合併法人、分割法人又は現物出資法人とする適格合併、適格分割又は適格現物出資（以下この条において「適格合併等」という。）を行つた場合には、次の各号に掲げる適格合併等の区分に応じ当該各号に定める資産調整勘定の金額及び負債調整勘定の金額は、当該適格合併等に係る合併法人、分割承継法人又は被現物出資法人（次項及び第12項において「合併法人等」という。）に引き継ぐものとする。

　一　適格合併　当該適格合併の直前における資産調整勘定の金額及び次に掲

　　げる負債調整勘定の金額

　　イ　退職給与負債調整勘定の金額のうち、当該内国法人が当該適格合併を
　　　行つたことに伴いその退職給与引受従業者が当該適格合併に係る合併法
　　　人の業務に従事することとなつた場合（当該合併法人において退職給与
　　　債務引受けがされた場合に限る。）の当該退職給与引受従業者に係る部分
　　　の金額として政令で定める金額

　　ロ　短期重要負債調整勘定の金額

　　ハ　差額負債調整勘定の金額

　二　適格分割又は適格現物出資（以下この号において「適格分割等」という。）
　　当該適格分割等の直前における次に掲げる負債調整勘定の金額

　　イ　退職給与負債調整勘定の金額のうち、当該内国法人が当該適格分割等
　　　を行つたことに伴いその退職給与引受従業者が当該適格分割等に係る分
　　　割承継法人又は被現物出資法人（イにおいて「分割承継法人等」という。）
　　　の業務に従事することとなつた場合（当該分割承継法人等において退職
　　　給与債務引受けがされた場合に限る。）の当該退職給与引受従業者に係る
　　　部分の金額として政令で定める金額

　　ロ　当該適格分割等により移転する事業又は資産若しくは負債と密接な関
　　　連を有する短期重要負債調整勘定の金額として政令で定めるもの

10　前項の規定により合併法人等が引継ぎを受けた資産調整勘定の金額並びに
退職給与負債調整勘定の金額、短期重要負債調整勘定の金額及び差額負債調整
勘定の金額は、それぞれ当該合併法人等が同項の適格合併等の時において有す
る資産調整勘定の金額並びに退職給与負債調整勘定の金額、短期重要負債調整
勘定の金額及び差額負債調整勘定の金額と<u>みなす</u>。」

第125条（青色申告の承認があつたものとみなす場合）

第1項　「第122条第1項（青色申告の承認の申請）の申請書の提出があつた場
合において、同項に規定する当該事業年度終了の日（当該事業年度について中
間申告書を提出すべき法人（当該法人以外の法人で当該事業年度について第72
条第1項各号（仮決算をした場合の中間申告書の記載事項等）に掲げる事項を
記載した中間申告書を提出できるものを含む。）については、当該事業年度開始
の日以後6月を経過する日）までにその申請につき承認又は却下の処分がなか
つたときは、その日においてその承認があつたものと<u>みなす</u>。

第2項　「第121条第1項（青色申告）の承認を受けていない内国法人が第64

条の9第1項（通算承認）の規定による承認を受けた場合には、当該承認の効力が生じた日において第121条第1項の承認があつたものとみなす。

Step 5　課税標準

第2条第十五号　・役員

「法人の取締役、執行役、会計参与、監査役、理事、監事及び清算人並びにこれら以外の者で法人の経営に従事している者のうち政令で定めるものをいう。」

施行令第7条

「法第2条第十五号（役員の意義）に規定する政令で定める者は、次に掲げる者とする。

一　法人の使用人（職制上使用人としての地位のみを有する者に限る。次号において同じ。）以外の者でその法人の経営に従事しているもの

二　同族会社の使用人のうち、第71条第1項第五号イからハまで（使用人兼務役員とされない役員）の規定中「役員」とあるのを「使用人」と読み替えた場合に同号イからハまでに掲げる要件のすべてを満たしている者で、その会社の経営に従事しているもの」

第61条の5（デリバティブ取引に係る利益相当額又は損失相当額の益金又は損金算入等）

「内国法人がデリバティブ取引（金利、通貨の価格、商品の価格その他の指標の数値としてあらかじめ当事者間で約定された数値と将来の一定の時期における現実の当該指標の数値との差に基づいて算出される金銭の授受を約する取引又はこれに類似する取引であつて、財務省令で定めるものをいう。以下この条において同じ。）を行つた場合において、当該デリバティブ取引のうち事業年度終了の時において決済されていないもの（第61条の8第2項（先物外国為替契約等により円換算額を確定させた外貨建取引の換算）の規定の適用を受ける場合における同項に規定する先物外国為替契約等に基づくものその他財務省令で定める取引（次項において「為替予約取引等」という。）を除く。以下この項において「未決済デリバティブ取引」という。）があるときは、その時において当該未決済デリバティブ取引を決済したものとみなして財務省令で定めるところにより算出した利益の額又は損失の額に相当する金額（次項において「みなし決済損益額」という。）は、当該事業年度の所得の金額の計算上、益金の額又は損金の額に算入する。

第2項　「内国法人が適格分割、適格現物出資又は適格現物分配（適格現物分配にあつては、残余財産の全部の分配を除く。以下この項において「適格分割等」という。）により分割承継法人、被現物出資法人又は被現物分配法人にデリバティブ取引（為替予約取引等を除く。）に係る契約を移転する場合には、当該適格分割等の日の前日を事業年度終了の日とした場合に前項の規定により計算される当該デリバティブ取引に係るみなし決済損益額に相当する金額は、当該適格分割等の日の属する事業年度の所得の金額の計算上、益金の額又は損金の額に算入する。」

第3項　「内国法人がデリバティブ取引に係る契約に基づき金銭以外の資産を取得した場合（次条第1項の規定の適用を受けるデリバティブ取引に係る契約に基づき当該資産を取得した場合を除く。）には、その取得の時における当該資産の価額とその取得の基因となつたデリバティブ取引に係る契約に基づき当該資産の取得の対価として支払つた金額との差額は、当該取得の日の属する事業年度の所得の金額の計算上、益金の額又は損金の額に算入する。」

第4項　「第1項に規定するみなし決済損益額の翌事業年度における処理その他前三項の規定の適用に関し必要な事項は、政令で定める。」

第61条の6（繰延ヘッジ処理による利益額又は損失額の繰延べ）

（中略）

第3項　「内国法人が、適格合併、適格分割又は適格現物出資（以下第61条の8までにおいて「適格合併等」という。）により被合併法人、分割法人又は現物出資法人（以下第61条の8までにおいて「被合併法人等」という。）からヘッジ対象資産等損失額を減少させるために行つたデリバティブ取引等に係る契約の移転を受け、かつ、当該適格合併等により第1項第一号に規定する資産若しくは負債（当該デリバティブ取引等によりヘッジ対象資産等損失額を減少させようとするものに限る。）の移転を受け、又は同項第二号に規定する金銭（当該デリバティブ取引等によりヘッジ対象資産等損失額を減少させようとするものに限る。）を受け取り、若しくは支払うこととなつた場合（同項又は前項の規定の適用を受けた当該適格合併等に係る被合併法人等が当該適格合併等前にヘッジ対象資産等損失額を減少させるために行つたデリバティブ取引等の決済をしていた場合には、当該適格合併等により当該被合併法人等から第1項第一号に規定する資産若しくは負債（当該デリバティブ取引等によりヘッジ対象資産等損失額を減少させようとしていたものに限る。）の移転を受け、又は同項第二号

に規定する金銭（当該デリバティブ取引等によりヘッジ対象資産等損失額を減少させようとしていたものに限る。）を受け取り、若しくは支払うこととなつた場合）において、当該被合併法人等が当該契約の移転をしたデリバティブ取引等（当該決済をしていた場合には、当該決済をしたデリバティブ取引等。以下この項において同じ。）につき第1項に規定する旨その他同項に規定する事項を同項に規定する財務省令で定めるところにより帳簿書類に記載していたときは、当該適格合併等の日の属する事業年度以後の各事業年度におけるこの条の規定の適用については、当該内国法人が当該適格合併等により移転を受けた同項第一号に規定する資産若しくは負債又は当該適格合併等により受け取り、若しくは支払うこととなつた同項第二号に規定する金銭に係るヘッジ対象資産等損失額を減少させるために当該デリバティブ取引等を行い、かつ、当該記載をしていたものとみなす。」

（中略）

第5項　「決済損益額のうち第1項に規定する有効決済損益額の翌事業年度以後の各事業年度における処理その他前各項の規定の適用に関し必要な事項は、政令で定める。」

Step 6　税　率

第135条（仮装経理に基づく過大申告の場合の更正に伴う法人税額の還付の特例）

（中略）

第5項　「内国法人につきその各事業年度の所得の金額を減少させる更正で当該内国法人の当該各事業年度開始の日前に終了した事業年度の所得に対する法人税についてされた更正（当該内国法人を合併法人とする適格合併に係る被合併法人の当該適格合併の日前に終了した事業年度の所得に対する法人税についてされた更正を含む。以下この項において「原更正」という。）に伴うもの（以下この項において「反射的更正」という。）があつた場合において、当該反射的更正により減少する部分の所得の金額のうちに当該原更正に係る事業年度においてその事実を仮装して経理した金額に係るものがあるときは、当該金額は、当該各事業年度において当該内国法人が仮装して経理したところに基づく金額とみなして、前各項の規定を適用する。」

法人税法のみなし規定の整理表

課税要件	条文		規定の概要	備　考
納税義務者	3条		人格のない社団等に対するこの法律の適用	人格のない社団を法人とみなし
	4条の2	1項	法人課税信託の受託者に関するこの法律の適用	信託資産等及び固有資産等ごとにそれぞれ別の者とみなし
	4条の3	3号	受託法人に関するこの法律の適用	受託法人は会社とみなす
		6号		法人課税信託の受益権は株式又は出資とみなし
		8号		受益者とみなされる者を含む
		9号		出資があったものとみなす
		10号		資本剰余金の減少に伴う剰余金の配当とみなす
	4条の4	1項	受託者が二以上ある法人課税信託	一の者の信託資産等とみなし
	10条	2項	課税所得の範囲の変更等	公益法人等が設立されたものとみなし
		3項		恒久的施設を有しない外国法人…解散したものとみなし
		4項		恒久的施設を有する外国法人…設立されたものとみなし

課税要件	条文		規定の概要	備　考
納税義務者	12条	1項	信託財産に属する資産及び負債並びに信託財産に帰せられる収益及び費用の帰属	信託の受益者は当該信託財産に属する資産及び負債を有するものとみなし、かつ、当該信託財産に帰せられる収益及び費用は当該受益者の収益及び費用とみなし
		3項		法人が受託者となる…当該法人の資産及び負債並びに収益及び費用でないものとみなし
	60条の3	2項	特定株主等によって支配された欠損等法人の資産の譲渡等損失額のみなし	適格組織再編による特定資産…を移転した場合には、当該合併法人等を前項の適用を受ける欠損等法人とみなし
	62条の6	1項	株式等を分割法人と分割法人の株主等とに交付する分割	分割型分割と分社型分割の双方が行われたとみなす
		2項		二以上の法人分割で法人を設立…それぞれ行われたものとみなす
	64条の3	2項	法人課税信託に係る所得の金額の計算	受益者とみなされる者を含む
	64条の9	4項	通算承認	完全支配関係法人の全てにつき、その通算承認があったものとみなし

納税義務者	64条の9	5項	他の内国法人の全てにつき、その開始の日においてその通算承認があったものとみす
		9項	通算承認	通算承認があったものとみなす
		11項		通算承認があったものとみなす
		12項		通算承認があったものとみなす
	150条の3		通算法人の電子情報処理組織による申告	他の通算法人のみなし
課税物件	24条	1項	配当等の額とみなす金額	第23条1項1号又は2号（受取配当の益金不算入）に掲げる金額とみなす
		2項		抱合株式…資産の交付を受けたものとみなし
		3項		分轄承継法人の株式を受けたものとみなし
	25条	4項	資産の評価益の益金不算入等	その増額がなされなかったものとみなす
	31条	5項	減価償却資産の償却費の計算及びその償却の方法	適格合併法人等から移転を受け減価償却資産…事業年度前の各事業年度の損金経理額とみなす
	32条	7項	繰延資産の償却費の計算及びその償却の方法	適格合併法人等から移転を受けた繰延資産…事業年度前の各事業年度の損金経理額とみなす

課税要件	条文		規定の概要	備　考
課税物件	33 条	6 項	資産の評価損の損金不算入等	その減額がなされなかったものとみなす
	37 条	5 項	寄附金の損金不算入	公益法人等…収益事業以外の事業のために支出…その収益事業に係る寄附金の額とみなし
		6 項		信託財産とするために支出した金銭の額は寄附金の額とみなし
	48 条	10 項	保険差益等に係る特別勘定の金額の損金算入	合併法人等が引継ぎを受けた…特別勘定の金額又は…特別勘定の金額とみなす
	50 条	1 項	交換により取得した資産の圧縮額の損金算入	農作物の栽培を耕作に該当するものとみなし
	62 条	1 項	合併及び分割による資産等の時価による譲渡	配当等とみなす金額等
	64 条の 3	2 項	法人課税信託に係る所得金額の計算	受益者とみなされる者を含む
	64 条の 5	5 項	損益通算	当初申告通算前所得金額を通算前所得金額等とみなす
		7 項	通算事業年度についての修正申告等	当該通算事業年度の通算前所得金額等とみなす

課税物件の帰属	14条	8項	事業年度の特例	特例事業年度終了の日とみなし
	22条の2	3項	収益の額	収益として経理したものとみなし
	23条	3項	受取配当等の益金不算入	内国法人が受ける配当等とみなされる金額
	43条	10項	国庫補助金等に係る特別勘定の金額の損金算入	特別勘定の金額とみなす
	57条	2項	欠損金の繰越し	生じた欠損金額とみなす
		6項		前の事業年度において生じた欠損金額とみなされた
		7項		他の内国法人の欠損金額とみなされた
		9項、10項		前の事業年度において生じた欠損金額とみなされた
	61条の11	5項	譲渡損益調整資産	適用を受けた法人とみなし
		6項		譲受法人とみなし
	62条の8	10項	非適格合併等により移転を受ける資産等の調整勘定	引き継いだ調整勘定の金額を合併法人の金額とみなす
	72条	1項	仮決算をした場合の中間申告書の記載事項等	事業年度とみなし
		5項		中間申告書を提出しなかったものとみなす
	72条の2		通算法人の災害等による中間申告書の提出期限延長	提出期限が延長されたものとみなす

課税要件	条文		規定の概要	備　考
課税物件の帰属	73条		中間申告書の提出がない場合の特例	提出があったものとみなし
	75条	5項	確定申告書の提出期限の延長	提出期限が延長されたものとみなす
		6項		期日とされたものとみなす
		8項		提出期限が延長されたものとみなす
	75条の2	9項	確定申告書の提出期限の延長の特例	適用がないものとみなし
		11項		通算法人の全てにつきこれらの取消し又は変更がされたものとみなす
	75条の3		通算法人の災害等による確定申告書の提出期限延長	延長されたものとみなす
	75条の4	3項	電子情報処理組織による申告	行われたとみなす
		4項		到達したとみなす
	125条	1項	青色申告の承認があったものとみなす	承認があったものとみなす
		2項		通算承認を受けた場合、承認があったものとみなす
	139条	1項	租税条約に異なる定めがある場合の国内源泉所得	国内源泉所得とみなす
	150条の3	1項	通算法人の電子情報処理組織による申告	行われたとみなす
		2項		到達したとみなす

課税標準	61条	5項	短期売買商品等の譲渡損益及び時価評価損益	業務廃止時の譲渡・取得のみなし
		7項		暗号資産取引のみなし決済損益
		8項		みなし決済損益の翌事業年度における処理
		10項		適格分割等に係るみなし決済損益
	61条の2	1項	有価証券の譲渡益又は譲渡損の益金又は損金算入	そのみなされる金額に相当する金額を控除
		4項		分割承継法人に移転した資産等に対応する部分の譲渡を行ったものとみなし
		8項		完全支配関係法人の株式に対応する部分の譲渡を行ったものとみなし
		16項		承継信託に移転した資産及び負債に対応する部分の譲渡を行ったものとみなし
		22項		業務の全てを廃止した時等取得したものとみなし
		23項		適格合併等により親法人株式の移転を取得したものとみなし
	61条の4	1項	有価証券の空売り等に係る利益相当額又は損失相当額の益金又は損金算入額	有価証券等の空売りしたときは決済したものとみなし

課税要件	条文		規定の概要	備　考
課税標準	61条の4	2項		適格分割等による空売り等に係るみなし
		4項		みなし決済損益に係る翌事業年度処理
	61条の5	1項	デリバティブ取引に係る利益相当額又は損失相当額の益金又は損金算入額	未決済デリバティブ取引を決済したものとみなし
		4項		みなし決済損益に係る翌事業年度処理
	61条の6	1項	繰延ヘッジ処理による利益額又は損失額の繰延べ	みなし決済損益
		3項		当該デリバティブ取引等を行い、かつ、当該記載をしていたものとみなす
	61条の7	3項	時価ヘッジ処理による売買目的外有価証券の評価益又は評価損の計上	適格合併等により移転を受けた売買目的外有価証券に係るヘッジ対象有価証券損失額を減少させるために当該デリバティブ取引等を行い、かつ、当該記載をしていたものとみなす
	61条の8	3項	外貨建取引の換算	円換算額を確定させるために当該先物外国為替契約等を締結し、かつ、当該記載をしていたものとみなす
	61条の10	3項	為替予約差額の配分	外貨取引の金額の円換算への換算に当たって同項の規定の適用を受けていたものとみなす
		4項	組織再編税制の適用を受けた際の先物為替契約の処理	円換算に当たっての同項の適用を受けていたものとみなす

282

	62条	1項	合併及び分割による資産等の時価による譲渡	分割対価資産と配当等の額とみなす金額
	64条の7	2項	欠損金の通算	通算法人の欠損金額とみなされた金額
		4項		他の欠損控除前所得金額とみなす
		5項1号		当該事業年度の損金算入限度額とみなし
		5項2号		損金の額に算入される金額とみなされる金額
		9項		記載された金額とみなす
課税標準	71条	5項	中間申告	事業年度開始から6月経過日前日までを確定したものとみなす
	127条	1項	青色申告の承認の取消し	青色申告書以外の申告書とみなす
		3項		通算法人に係る…青色申告書以外の申告書とみなす
	80条	2項	欠損金の繰戻しによる還付	当該還付所得事業年度の所得の金額とみなし
	132条の2	1項	組織再編成に係る行為又は計算の否認	配当等の額とみなす金額
	144条の3	5項	中間申告書	6月経過日の前日までに当該法人税額が確定したものとみなし
	144条の4	1項	仮決算をした場合の中間申告書の記載事項等	当該期間を一事業年度とみなし
		2項		当該期間を一事業年度とみなし

課税要件	条文		規定の概要	備　考
課税標準	144条の4	5項		当該期間を一事業年度とみなし
		6項		当該期間を一事業年度とみなし
	144条の5		外国法人…中間申告がない場合の特例	中間申告書の提出があったものとみなし
税　率	66条	5項	各事業年度の所得に対する法人税の税率	大法人のうちいずれか一の法人が有するものとみなした場合
		8項		通算事業年度の当初申告所得金額を当該各号の所得の金額とみなす
		10項		更正通知書に当該通算事業年度の所得の金額として記載された金額を当初申告所得金額とみなす
	69条	9項	外国税額控除	適格合併等において当該前三年内事業年度において納付することとなった控除対象外国法人税の額とみなす
		11項		分割承継法人等がみなされる金額はないものとする
		15項		通算法人の当初申告税額控除額を税額控除額とみなす
		19項		通算法人の税額控除不足額又は税額控除超過額相当額とみなす

税　率	135 条	5 項	仮装経理に基づく過大申告の場合の更正に伴う法人税額の還付の特例	反射的更正…仮装して経理したところに基づく金額とみなし
	143 条	5 項	外国法人に係る各事業年度の所得に対する法人税の税率	大法人のうちいずれか一の法人が有するものとみなした場合
	144 条の 13	3 項	外国法人…欠損金の繰戻しによる還付	当該法人税等の額とみなし
		4 項		当該法人税等の額とみなし
		5 項		当該法人税等の額とみなし

【著者紹介】

野田 扇三郎（のだ せんざぶろう）

1989 年〜1996 年　東京国税局調査部（主査・国際専門官・調査総括課課長補佐）

2002 年　税務大学校研究部教授

2004 年　東京国税局調査第一部・特別国税調査官

2005 年　東京国税局調査第二部・統括国税調査官

2006 年　東京国税局調査第二部調査総括課長

2007 年　葛飾税務署長

2009 年 7 月退職　同年 8 月税理士登録

2016 年 4 月〜　聖学院大学・大学院 特命教授

山内 利文（やまうち としふみ）

1989 年〜2005 年　東京国税局調査部（主査・総括主査）芝・麹町税務署

2006 年〜2009 年　芝・船橋・足立特別国税調査官（法人調査担当）

2009 年 7 月退職　同年 8 月税理士登録

安藤 孝夫（あんどう たかお）

1993 年〜2005 年　東京国税局調査部（主査・総括主査）

2006 年〜2011 年　西新井・芝・豊島特別国税調査官（法人調査担当）

2012 年 7 月退職　同年 8 月税理士登録

三木 信博（みき のぶひろ）

1989 年〜2001 年　国税庁徴収課

2011 年　国税不服審判所本部審判官

2013 年　東京国税局徴収部・特別国税徴収官

2014 年　東京国税局徴収部・特別整理総括第二課長

2015 年　大和税務署長

2016 年　東京国税局徴収部・徴収課長

2017 年　東京国税局徴収部・次長

2018 年　渋谷税務署長

2019 年 7 月退職　8 月税理士登録

2022 年 4 月〜　千葉商科大学・大学院客員教授

ぜいほう　きてい　てきようかいしゃく　ぜいむはんだん
税法みなし規定の適用解釈と税務判断

2022年12月26日　発行

著　者　　野田 扇三郎／山内 利文／安藤 孝夫／三木 信博 ©

発行者　　小泉 定裕

発行所　　株式会社 清文社

東京都文京区小石川1丁目3−25（小石川大国ビル）
〒112-0002　電話 03（4332）1375　FAX 03（4332）1376
大阪市北区天神橋2丁目北2−6（大和南森町ビル）
〒530-0041　電話 06（6135）4050　FAX 06（6135）4059

URL https://www.skattsei.co.jp/

印刷：㈱日本制作センター

ISBN978-4-433-73292-9